本当に不思議な世界の風習

世界の文化研究会 編

彩図社

はじめに

古い小噺に、次のようなものがある。

あるイギリスの外交官が、赴任先である中国の高官に対し、友好の証として犬をプレゼントした。すると後日、その高官から礼状が届き、そこにはこう記されていた。

「高価なお品、大変美味しくいただきました」

これは、イギリスと中国の食文化の違いを示すものだが、現代日本に暮らす我々が普段食べているものの中にも、外国人からギョッとされるようなものがいくつかある。

その1つが、生卵である。

実は、日本以外の国では生卵を食べる習慣がめったにないため、日本人が好んで食べる卵かけごはんなどは、外国人からしてみれば **「ゲテモノ料理」** のように思われることもあるのだ。

むろん、こうした食べ物にまつわる文化のほかにも、それが当たり前だと思っている人々以外にとっては、「奇妙だ」「あり得ない」とみなされるような習慣や行事は枚挙にいとまがない。

例えば、本書の中でも取り上げた**「女性を誘拐して妻にする風習」「毒蟻《あり》が大量に入った手袋をはめる成人式」**あるいは、**「赤ちゃんを高所から投げ落とす儀式」**などといった海外の習慣は、多くの日本人が耳を疑うことだろう。

また、日本にも、**「宮古島のパーントゥ」**や**「上山《かみのやま》市のカセ鳥」**など、初めて見る人がびっくりするような奇祭がいくつも存在する。

本書は、そんな変わった風習を、海外・国内問わず取り上げた一冊である。

中には野蛮に思えたり、明らかに倫理に反していると感じられるようなものもあるかもしれないが、それぞれの風習には、当然ながらそれぞれの背景や歴史があり、なんらかの目的があって行われていることだけはたしかだ。

そのため、まずは「常識」のフィルターを外して、仰天の風習の数々をご堪能いただければ幸いである。

世界の文化研究会

本当に不思議な世界の風習　目次

はじめに …… 2

第1章　思わず目を見張る　衝撃の風習

vol.1 年頃の女性がさらわれた末に花嫁になる　キルギスの誘拐婚「アラ・カチュー」 …… 10
vol.2 あらゆるものを使って口を串刺しにする　タイの「ベジタリアン・フェスティバル」 …… 16
vol.3 大量の猛毒蟻入り手袋をはめて踊る　サテレ・マウェ族の成人式 …… 22
vol.4 毎年死者が出る行事として有名　インドの「石投げ祭」 …… 28
vol.5 子どもの悪事はすべてお見通し　甑島の「トシドン」 …… 34
vol.6 女は下唇に大皿をはめ、男は木の枝で戦う　エチオピア・ムルシ族の人々の暮らし …… 40
vol.7 行き過ぎた美の追求とその代償　中国の「纏足」 …… 46

vol.8 手のひらに釘を打ちつけ磔になる　フィリピン「聖週間」の受難劇……52
vol.9 夫を追って未亡人が火に飛び込む　ヒンドゥー教の後追い死「サティー」……58

第2章　思わず目を疑う不思議な風習

vol.10 背中にワニのウロコを彫って強くなる　セピック族の「ワニ信仰」……66
vol.11 遺体をハゲワシに食べさせて天に還す　チベットの伝統的な葬儀「鳥葬」……72
vol.12 祭が終われば何もかも泥まみれ　宮古島の「パーントゥ」……78
vol.13 その人そのものを表す文様を顔に彫る　マオリ族の入れ墨「モコ」……84
vol.14 「カルト」「邪教」などのイメージは本当か？「ブードゥー教」という宗教の素顔……90
vol.15 「口寄せ」で死者を呼び寄せる？　東北地方のシャーマン・イタコの仕事……96
vol.16 「蛋民」「家船」「ハウスボート」……　水上に暮らす人々の生活事情……102

vol.17 地元の人々が奇習を自称する奇習　山形県上山市の「カセ鳥」……108
vol.18 死者を弔うための死後結婚　世界各国の「冥婚」事情……114

第3章　思わず目を覆いたくなる驚愕の風習

vol.19 麻酔もなく少女の陰部を切除・封鎖　アフリカの「女性器切除」……122
vol.20 人間が人間を食べ続けたらどうなる？　フォレ族・ビアミ族の「食人習慣」……128
vol.21 イスラム社会の鉄の掟「シャリーア」とは？　不倫や婚前交渉が命懸けの国々……134
vol.22 もし受け止められなかったら……　インドの赤ちゃん投げ落とし……140
vol.23 膨らみ始めた少女の胸を無理矢理潰す　カメルーンの「ブレスト・アイロニング」……146
vol.24 自らの体を傷つけて血まみれになる　シーア派ムスリムの「アーシューラー」……152
vol.25 食糧不足が原因の窮余の策　トダ族の「一妻多夫制」と「女児殺し」……158

第4章 思わず目を丸くする面白い風習

vol.26 文字通り自爆者が続出 メキシコの「メガボンバー」……166
vol.27 街が赤く染まるスペインの「トマト祭」 固い果実が飛ぶイタリアの「オレンジ祭」……172
vol.28 本場の「トルコ風呂」は非常に健全？ 中東の公衆浴場「ハンマーム」の実態……178
vol.29 ザザムシ、カメムシ、ウジムシ…… 世界各地の昆虫食文化……184
vol.30 血まみれで殴り合うクリスマス ペルー・クスコ県のケンカ祭「タカナクイ」……190
vol.31 男性器を模した神輿が街を練り歩く 川崎市金山神社の「かなまら祭」……196
vol.32 少数民族が派手なマスクをつけて踊る パプア・ニューギニアの「シンシン」……202
vol.33 人間対野生馬のレスリング スペインの「ラパ・ダス・ベスタス」……208
vol.34 「笑う門には福来る」を体現 防府市の「笑い講」と日高川町の「笑い祭」……214

第1章 思わず目を見張る衝撃の風習

エチオピアのムルシ族の女性。「デヴィニャ」と呼ばれる大きなリップブレートをはめている
(©MauritsV and licensed for reuse under this Creative Commons Licence)

Vol.1
年頃の女性がさらわれた末に花嫁になるキルギスの誘拐婚「アラ・カチュー」

ある女子大生の受難

2006年9月、アジア中央部に位置するキルギス共和国で、当時女子大生だった21歳のオクサナさんは、衝撃の事件に遭った。

酔った若い男たちの手で、いきなり車の後部座席へ押し込まれたのである。

彼女は叫び声を上げ、暴れて抵抗したものの、そのまま誘拐犯グループの1人の家に連れ込まれ、一晩監禁されてしまった。

当然、オクサナさんは「帰りたい」と泣いたが、誘拐犯の母親と祖母は彼女を逃がすどころか、なんと**「息子の嫁になりなさい」と説得**し、その結果、**本当にそのまま結婚することになった**のである。

普通ならば、これは誘拐、監禁、脅迫といった犯罪行為であると思われる。

だが、この件は警察沙汰にならず、オクサナさんは**その後も結婚生活を続けている**のだ。

というのも、キルギスではこうした「誘拐婚」が**「アラ・カチュー」**（「奪い去る」の意）と呼ばれ、驚くべきことに、農村部ではいまだに**60～80％もの女性がこの方法で結婚「させられている」**状況なのである。

オクサナさんのような出来事は、キルギスの若い女性たちにとって、「誰にでも起こりうること」というわけだ。

誘拐の手口は、強引かつ行き当たりばったりのものも多く、恋人とデート中の女性を連れ去ってしまったり、あるいは、**目当ての女性を待ち伏せしたが通りかからなかったので別の女性を誘拐した**というケースもあるという。

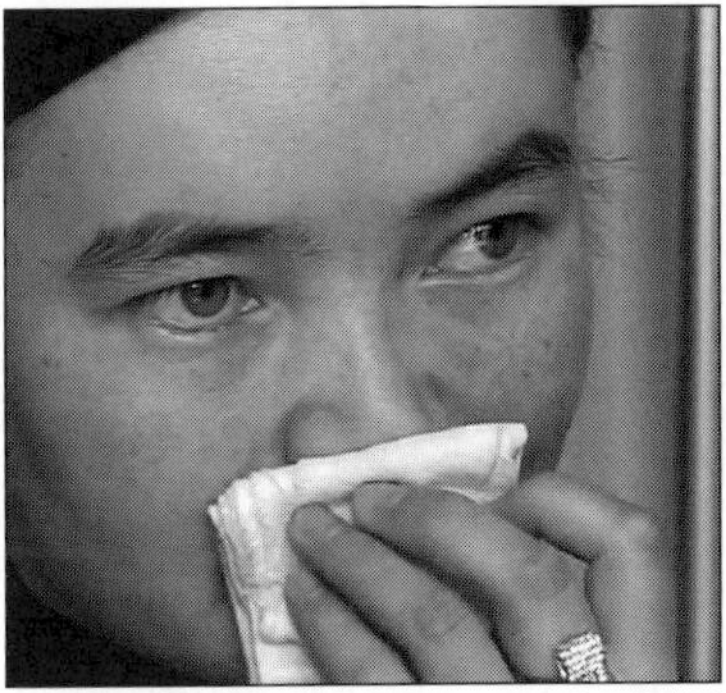

男たちに無理矢理連れ去られ、しかもその後「誘拐犯」と結婚することになったキルギス人女性・オクサナさん（画像引用元：「キルギスにいまだ残る風習、『誘拐婚』【http://www.youtube.com/watch?v=gsz0I3z_nRo】」）

男性の家で一晩を過ごしたら

男性が、17～25歳のめぼしい女性を選び、親族や友人たちと共にその女性をさらって一晩自宅に監禁し、男性の両親や兄弟が女性をなだめ、説得する。

そして、服従の証である「ジュールク」と呼ばれる白いショールを女性の頭にかぶせれば、婚約成立となる――以上が、大まかなアラ・カチューの流れである。

国民の多くがイスラム教を信仰するキルギスでは、たとえそれが無理矢理であったとしても、男性の家で一晩を過ごした女性は穢《けが》れたと見られる。それゆえ、女性の家族も娘を奪回するどころか、**「戻ってきたら家族の恥になる」と、そのまま嫁ぐように諭す**という。

中には、結婚を断固拒否し実家に帰る女性もいるが、男性の家で一晩過ごしたという事実が広まり、「不純な存在」扱いされ、その後の結婚は難しくなってしまう。

国民の平均寿命があまり長くないキルギスでは、子孫を残す必要性から、「女性は25歳までに必ず結婚すべきだ」という考え方が根付いている。

言い換えれば、25歳を超えた女性が独身のままでいるのは恥ずかしいことであり、そのような人たちは、周囲から蔑まれる人生を余儀なくされる。

そのため結局、**連れ去られた女性のうち約8割は観念し、「誘拐犯」を夫として受け入れる**のだという。

男がアラ・カチューを選ぶ理由

アラ・カチューの起源は、12世紀頃、中央アジアで猛威を振るっていた蛮族が馬や女性を略奪する習慣から始まったという説、あるいはイスラムの教義によるものだとする説など、さまざまだ。

しかし実際のところ、こうした歴史的な背景よりも**「金銭面で助かる」**という理由が大きいようだ。

誘拐婚の様子だと思われる写真。男たち（左側）が女性をさらおうとしているが、女性はそれに対抗して鞭を振り上げているものと見られる。このように、中央アジアの一部では古くから誘拐婚の習慣があった。写真は1870年頃撮影されたもの

なぜなら、キルギスでは恋愛やお見合いなど、普通のプロセスを経て結婚する場合、日本円にしておよそ10万円弱と牛1頭を女性側に納めなくてはならないというしきたりがある。

だが、庶民にとってこの金額は非常に高く、これが払えない、もしくは払う気のない男たちがアラ・カチューという手段を選ぶのである。

しかも驚くべきことに、人権尊重が叫ばれる昨今において、**この習慣は廃れるどころかジワジワと件数が増え**、2009年にピークを迎えているのだ。

その原因としては、解決しない農村部の貧困、旧ソ連の崩壊（キルギスは1991年までソ連の一地域だった）、戦争、独立運動などの不安定な情勢が考

えられる。

ただ、アラ・カチューが始まりでも結婚してしまえば仲睦まじい夫婦となるケースもあり、皆が皆不幸に陥るわけではないが、その前提には、やはり女性たちの「諦め」が必要だと言えるだろう。

〝あらゆる良い結婚は涙から始まる〟

キルギスには、こんな格言が存在するほどなのである。

違法ではあるものの

しかしながら、実は旧ソ連時代から、アラ・カチューは法律で禁止されている。つまり、**れっきとした違法行為**なのだ。

実際、キルギスでは「婚姻を目的に人を誘拐した者は最高3年間の禁固刑に処す」と定められている。

にもかかわらず、男たちが逮捕されることはほとんどなく、さらに、一応違法であるためにアラ・カチューで結婚したほとんどの夫婦が、役所に婚姻届を提出しない。

それゆえ、もし離婚した場合でも、慰謝料を求める権利など、女性に対しての法的保護が適用されないなどといった問題もある。

２０１２年1月には、こうした現状を憂う議員から、誘拐婚を厳しく罰するための法案「イスラム婚姻法案」がキルギス国会に提出されたが、なんと**否決**されてしまう。

というのも、キルギスでは誘拐婚のほか、一部の富裕層における**「一夫多妻制」も違法でありながら黙認**されており、前述の法案が可決されれば、どちらも厳罰化される。

キルギスの若い女性たちはアラ・カチューを廃止するためのデモを起こすこともあるが、男性たちの罪悪感は薄いようである（画像引用元：「Bride Kidnapping-Kyrgyzstan【http://www.youtube.com/watch?NR=1&v=VQjMLX3_hE0&feature=fvwp】」）

そのため、これを阻止すべく男性議員の多くが、「反対」の票を入れたのだった。

議会がこのような有様なので、今後、アラ・カチューを減らしていくためには、当のキルギス男性たちの良心に賭けるしかなさそうだが、それもなかなか難しそうだ。

ＡＦＰ通信社の「キルギスにいまだ残る風習、『誘拐婚』」という取材動画における、キルギス男性の堂々とした笑顔と迷いのない言葉が、その罪悪感のなさをありありと物語っていると言えるだろう。

「僕も数年前妻を誘拐した。誰も警察に行かないよ。なぜかって？　伝統だからさ！」

Vol.2 あらゆるものを使って口を串刺しにするタイの「ベジタリアン・フェスティバル」

「マーソンの行進」

その祭の写真を見れば「この後、参加者はまともに食事ができるのかな……?」といった疑問が生まれてしまうほど、**「口が痛そうな祭」**がある。

それが、タイのプーケットで中国暦（太陰太陽暦）9月の最初の夜から9晩続く**「ベジタリアン・フェスティバル」**である。

ベジタリアン・フェスティバルは別名「ギンジェー」（「ギン」は「食べる」、「ジェー」は「野菜」の意）とも呼ばれる神聖な祭だ。

その見どころは、なんといっても「マーソンの行進」である。

「マーソン」とは、神と交流すると言われる中国系寺院の信徒のことを指すが、彼らは、中国刺繍を施したエプロンを身につけ、**さまざまなものを使って口を串刺しにする**のだ。

行動は神様が決める

その異様な姿は、「ベジタリアン・フェスティバル」という穏やかな名称からかけ離れた大迫力のビジュアルで、これを一目見ようと、毎年世界中から大勢の観光客が祭に訪れる。

なお、マーソンは「神様に選ばれた人のみがなれる」と伝わっているが、実際のところは、プーケットに暮らす一部の家族が代々引き継ぐ「世襲制」のケースが多いようだ。

ともあれ、祭の主役であり神の代役とも言えるマーソンの責任は重大で、フェスティバル開始の1ヶ月前から食事は菜食に限定され、神様がいつでも体内に入ってもいいように、万全な状態にしておくという。

タイのプーケットで行われる「ベジタリアン・フェスティバル」の様子。「マーソン」と呼ばれる中国系寺院の信徒が、さまざまなものを使って口を串刺しにする（© Depositphotos/Arztsamui）

そしてフェスティバルの当日、マーソンはあらゆるものを頬や口に突き刺していく。

具体的には、**長い串、ノコギリ、パイプ、刀**などが見られる。とにかくバラエティに富んでいるのだ。

とはいえ、これはただ各々が適当に好きなものを刺しているわけではなく、あくまでも**「乗り移っ**

舌や腕を串刺しにして歩くマーソン。何を体のどこに刺すか、あるいは歩きながら何をするかは、マーソンによってさまざまだ(©Depositphotos/Arztsamui)

た神様が何を突き刺すかを決める」のだという。

また、マーソンは、火の上を渡ったり刃のハシゴを登るなどの過激なパフォーマンスをする、あるいはトランス状態に陥る、淡々とただただ歩くなど、それぞれやっていることが違うのだが、これも、**乗り移った神様の性格の違いによる**のである。

ちなみに、中には苦痛を伴うマーソンの役割をやりたくないという人もいるようで、その場合は、フェスティバル前に寺院に行き、神様に対して報告をする。

「今回は参加できませんが、来年、もしくは再来年には必ず……」

このようにしておけば、無理強いはされないそうだ。

参加者に課されるルール

さて、ベジタリアン・フェスティバルでは、各中華寺院において、「ゴ・テン・ポール」というポールが立てられる。

これは、竹に9つの小さな提灯がくくりつけられたもので、神様に対し、「ようこそ下界へおいでくださいました」という歓迎の意を表すために掲げられる。

フェスティバル期間中は、9つの提灯すべてが灯され続け、これには、「節制して身を清める」というお祓い的な意味合いがあるので、普段は肉類、卵、牛乳などを食べている参加者たちも、提灯が灯っている期間中は菜食を通さねばならない。

そのほか、参加者には「体を清く保つ」「菜食者以外の人と台所を共にすることを禁ずる」「白い装束を身にまとう」「体および精神を健全に保つ」「肉食を禁ずる」「性行為を禁ずる」「飲酒を禁ずる」「喪中の者は儀式への参加を禁ずる」「妊娠中の女性は儀式を見てはいけない」「月経中の女性は儀式への参加を禁ずる」……など、多くのルールが課される。

参加者は、これらをすべて守る**禁欲的な生活を10日間過ごす**覚悟がいるのだ。

街が白と黄色の2色に

ベジタリアン・フェスティバル中のプーケットは、白い衣装を着た参加者たちで埋め尽くされる。

また、中華寺院の周囲にはジェー（野菜）を表す黄色い旗がはためく菜食屋台が立ち並び、その白と黄のコントラストは圧巻だ。

ベジタリアン・フェスティバル中に出る菜食料理の屋台。マーソンの行進同様、観光客に人気がある（画像引用元：「Phuket Vegetarian Festival by www.wildkingdomtours.com【http://www.youtube.com/watch?v=gJZgTaXic6I】」）

さらに、スーパーマーケットやコンビニにも、この「菜食印」の黄色い旗が飾られ、野菜食材がずらりと並ぶ。

もちろん、これらの店は参加者でなくても購入が可能だ。

そして、屋台で売られている工夫をこらした菜食料理は、観光客の楽しみの１つになっているのである。

過激な祭の起源とは

このように、ベジタリアン・フェスティバルは、その名の通り菜食主義の祭である。

では一体、なぜそんな祭において、口に串を刺すなどという過激な行為が行われることになったのか。

そもそもこの祭は１８２５年頃に始まったと伝えられており、中国の道教の祭「九皇帝祭」が起源だという説が有力だ。

プーケットはその昔、錫《すず》の産地として栄えており、中国からは多くの労働者が出稼ぎにきていた。

そんな中、彼らを慰労するための公演をしにきた中国の京劇団員が、原因不明の病にかかってしまう。

そこで、信心深いほかの劇団員たちは食事を菜食に切り替えたうえで、心と体を浄化する神である「九皇帝神」に祈りを捧げた。

すると、病気に罹った劇団員は見事に回復したのである。

この様子を見ていた地元の人々はいたく感動した。そして健康や幸福、平安を祈る儀式として、**「肉を食べないよう口を封じる」**という意味を込めた串刺しの行進や菜食を行う祭が開かれるようになった。

それが、今日のベジタリアン・フェスティバルまで続いていると言われている。

とはいうものの、現在のベジタリアン・フェスティバルでは「肉を食べないための口封じ」に、**自転車**や**日よけ用のパラソル**を用いようとするマーソンまでいるようだ。

こうなるともはや、単なる「何が刺せるかコンテスト」にさえ思えるが、それでもマーソンたちは、「これも神の意思です」と答えるのだろう。

Vol.3 大量の猛毒蟻入り手袋をはめて踊るサテレ・マウェ族の成人式

一人前になるために

日本における成人式は、今や、新成人になった若者たちが大騒ぎをするためだけの日のようにも思える。

毎年のようにニュース番組で取り上げられる、各地の「荒れる成人式」がそれを象徴していると言えるだろう。

しかし古来より「成人と認められる儀式」は非常に重要なものであり、現在なお、成人になる者に対し、「特別な試練」を課す地域や部族はいくつも存在する。

こうした傾向がいまだに根強いのが、アフリカ、中東、中南米、東南アジアといった地域の部族である。

そこで成人、すなわち一人前の大人として扱ってもらうためには、ただ歳を重ねればよいわけではなく、さまざまな試練を乗り越えなくてはならない。

そして、一人前ではない者は会議や集会へ参加させてもらえなかったり、あるいは、自由に結婚することさえ許されないこともあるのだ。

そのため部族の若者たちは、立派な成人として認められるために、時には**命に関わるような試練**に挑んでいくのである。

猛毒蟻を使った試練

強い毒を持つ蟻が大量に入った手袋をはめた若者。この試練を超えなければ、一人前の大人と認められない（画像引用元：「The Satere Mawe Tribe Slideshow【http://www.youtube.com/watch?v=6yo_aJu37GQ】」）

中でも、南米のアマゾン流域に暮らすサテレ・マウェ族という部族では、非常に過酷な成人への試練が課せられる。

その内容は、**猛毒を持つ蟻《あり》が何百匹も詰まった手袋を作り、若者たちに手を入れさせる**というものだ。

この際使われる蟻は、**「パラポネラ」**という南米に幅広く生息している針蟻の一種である。

「弾丸蟻」という異名を持つパラポネラは、体長が約３センチもあり、一般的な蟻とは違い、単独での行動を好む習性がある。

パラポネラ。毒が非常に強力なため、人間が刺されると場合によっては死んでしまう（©Hans Hillewaert and licensed for reuse under this Creative Commons Licence）

そして性格は非常に凶暴。また、**スズメバチにも劣らないほど毒が強い**というから恐い。

この蟻は木の根元などに巣を作るため、基本的に日の当たる場所には出てこない。

では、昼間は大丈夫かと言えばそうではなく、暗いジャングルの中では樹木や葉の裏側などに潜んでいることもあるため、人間が無用心に歩いていると、突然頭上をパラポネラに襲われることも珍しくないのだ。

巣へ近づく者を発見したパラポネラは獲物に飛びかかる。相手が人間でも容赦なく、尻尾の毒針を突き刺してくる。

パラポネラに刺されたら激痛が全身を駆けめぐり、場合によっては**呼吸困難や血圧低下を引き起こして死亡**することもある。

恐怖の手袋

サテレ・マウェ族の成人式は日にちが決まっておらず、一定の年齢に達した若者ならば、いつでも挑戦することができる。

挑戦者が現れると、部族の大人たちはジャングルに入り、数日間かけて大量のパラポネラを採取してくる。

細心の注意を払いつつ、充分な数の蟻を集め終えると、草や竹を編みこんで作った手袋に閉じ込めて準備は完了だ。

そして挑戦の当日、顔に特殊なペイントを施した若者たちは、手袋に手を差し入れ、**最低でも10分間は激痛に耐えなければならない**。

刺され過ぎないよう、事前にパラポネラを薬品で少し弱らせ、また、墨で手を黒く塗る（蟻が嫌がる）などの対策は施されているが、**儀式の最中は族長や大人たちと歌い踊らなければならず**、汗で墨が流れ落ち、かなり刺されてしまう。

多少毒が弱まってはいるものの、激痛であることに変わりはなく、挑戦者はそれに耐えながら時間終了まで踊り続けなければならない。

もし痛みに耐えかね手袋を外してしまえば儀式は失敗となり、また**後日やり直し**となってしまうのだ。

そして、10分間を耐えた場合も挑戦者の地獄は終わらない。手袋を外しても毒の効果で痛みが数日間は残るからだ。

しかも治療薬はないため、自然に症状が治まるまで、挑戦者は激痛に耐え続けるしかない。

そんな過酷な日々を終えて、痛みがようやく落ち着いてもなお、**まだ大人とは認められ**

バヌアツの成人式。若者たちは植物のツルを命綱に「バンジージャンプ」をしなければならない（画像引用元：「Vanuatu land diving - EPIC MUST SEE【http://www.youtube.com/watch?v=h8GEZLLC7WE】」）

ないというから凄い。

なんと、成人になるには、この儀式を**20回繰り返さなければならない**のだ。

これが、サテレ・マウェ族の成人式が恐れられる最も大きな理由である。

一度儀式を経験すれば、激痛の苦しみが心に刻まれ、挑戦者は己のトラウマとも戦うことを余儀なくされる。つまり、自身の心に打ち勝った者だけが一人前の大人として認められるというわけだ。

ちなみに、毒の痛みはすぐに引かず、場合によっては後遺症が残ることもあるため、試練を短期間で終わらすことは難しい。

そのため、挑戦者の多くが、**数ヶ月から数年かけて突破する**のが普通なのだそうだ。

若者に試練を課す成人式と言えば、南太平洋の島国・バヌアツにおける「バンジージャンプ」などが有名だが、サテレ・マウェ族の若者たちが挑戦するこの「毒蟻手袋」も、バンジージャンプ同様、非常に過酷な儀式だと言えよう。

儀式が廃れない理由

実は、サテレ・マウェ族の成人式では、パラポネラの毒で若者が**命を落とす**こともある。にもかかわらず、彼らが儀式をやめないのには理由がある。

それは、昆虫の猛毒を摂取し続けると体が清められて病気にかかりにくくなり、また、自然界の力を味方につけることができ、狩りの能力も上達すると信じられているからだ。

彼らを含めたアマゾンの先住民族の多くは、大自然との共存と調和を旨とし、動物や虫だけでなく、木々や山などあらゆるものに魂が宿っているという独自の信仰がある。

サテレ・マウェ族の場合で言えば、毒を通じ、自然の力を身に宿したいという思惑があるのだろう。

また、厳しい儀式を乗り越えた若者たちは、試練を突破できたという事実が自信につながり、一人前の大人としての自覚や強さを身につけることができる。

一見、野蛮にも見えるサテレ・マウェ族の成人式ではあるが、こうした背景を考えれば、ただ危険なだけではない、実のある儀式だと言えるだろう。

Vol.4 毎年死者が出る行事として有名 インドの「石投げ祭」

石を投げ合う集団ケンカ

古今東西の過激な祭や行事の中では、時に参加者が怪我をしてしまったり、場合によっては死者が出ることもある。

そんな中、**「毎年死者の出る行事」**として有名なのが、インド中部のマディヤ・プラデシュ州に属す2つの村で行われる**「石投げ祭」**だ。

この祭は、およそ100年という長い歴史があり、毎年8～9月に行われている。

内容は、隣り合う村の住民たちが声を張り上げながら、お互いに石を投げつけ合うというシンプルなものだ。

ただし、危険度は非常に高く、祭というよりも、もはや**石を使った戦争**といった状態なのである。

にもかかわらず、祭への参加者は多く、毎年数千人にも上るという。

これだけの人出がある中で、**拳ほどの大きさの石が飛ぶ**こともあるため、負傷者が出るのは火を見るよりも明らかだ。

当たりどころが悪く、怪我を負ってしまった参加者については、にわか作りの救護所に運ばれるものの、そこで施してもらえるのは簡単な治療のみ。

これでは、死者が出てしまうのもやむを得ないと言えるだろう。

インドの「石投げ祭」において、次から次に石を投げる男たちの様子（画像引用元：「Many injured in 'Gotmar Mela' of Chhindwara【http://www.youtube.com/watch?v=FUUsJTBGK_w&feature=player_embedded#!】」）

民話に由来する行事

祭の最中には、無数の石が飛び交う中、双方の村の男たちがヒンドゥー教の女神「ドゥルガー」への祈りを叫びつつ、川の中央に生えた木に掲げられた旗を奪い合う。

そして、この旗を取ったほうの村が戦いの勝者となる。

これでようやく石を投げる行為は終了し、祭に参加した数千人の住民たちは、皆揃って寺院へ向かう。

そこでは、傷が早く治るよう、聖なる灰を塗って祈るのだという。

それにしても、普段は穏やかに暮らしている隣り合った村の住人同士が、なぜわざわざ傷つけあうようなことをするのか。

思わず首をかしげたくなるような石投げ祭だが、実は、起源は定かではない。

地元では、「かつて川を挟んだ両側に暮らしていた若い男女が恋に落ち、その後駆け落ちを試みたが、大反対した両村の住民が石を投げ合ってそれを阻止しようとしたところ、2人に石が当たって死んでしまった」という民話に由来する祭だとする説が有力だ。

写真のように、川を挟んで石を投げ合うこの祭は、地元の人によれば、民話に由来するという説が有力だという（画像引用元：「Many injured in 'Gotmar Mela' of Chhindwara【http://www.youtube.com/watch?v=FUUsJTBGK_w&feature=player_embedded#!】」）

ただ、由来がなんであれとにかくこの祭が危険であることに変わりはなく、2008年の祭では1人が死亡、400人以上が負傷。最も被害が大きかった1989年には、なんと**4人もの死者**を出している。

警察が介入しても止められない

経済発展著しい近年のインドにおいては、過激で危険過ぎる儀式や迷信めいた祭事をなくすための「宗教儀式の仕分け」が行われている。

そして、当然ながら、石投げ祭は真っ先に問題のある行事だとされた。

２００１年と２００２年には、地元の住民に対し、投げるものを石から「ゴムボール」に替えるよう提案されたが、結局、強い反対にあって失敗している。

その後、２００９年には、たび重なる負傷者の報告に、さすがに地元当局は開催を禁止することを要請したが、**村民たちがこれを無視**して祭を強行したため、警察が出動する騒ぎとなった。

すると、村民たちは「我々の伝統的な儀式に干渉する者は誰も許さない」と殺気立って次々と暴徒化してしまった。

そして彼らは、**警察や警察車両に石を投げつけだした**のである。

この騒動で、６人の警官が石をぶつけられて負傷（２人の重傷者を含む）し、警察車両も数台損壊。最終的には、**警察が撤退せざるを得なくなり、石投げ祭は例年通り継続されたの**だという。

なお、２０１２年にも祭は一応開催されたが、やはり３００人超の負傷者が出たため、再び地元当局が介入し、このときは祭が途中で中止される運びとなった。

南米の石投げ・中米の火投げ

ところで、こうした危険な石投げ祭が行われているのは、実はインドだけではない。

南米ペルーのクスコでも、先住民の大地神「パチャママ」への信仰に基づき、天候や農作を占う目的から石投げ祭が行われているのだが、こちらも毎年負傷者が絶えない。

毎年12月頃に開催されるこの祭は、インドのそれと同じく、二手に分かれた戦士たちが石を投げ合うのだが、河原の石を手で拾って投げるインドよりも、もっと壮絶かもしれない。

なぜならこの祭では、羊やリャマの毛で編んだ**縄に石を挟み、馬に乗った参加者がそれを頭の上で回し、勢いをつけて投げる**のだ。これはもはや、ただの「石」ではなく、「武器」と呼ぶほうがふさわしいようにさえ思える。

血まみれになりながらも、相手に石をぶつけるべく、大草原を馬で走り回る男たちの姿は大迫力ではあるが、むろん当たれば大ダメージを被る。

実際、2011年には**祭が始まってすぐに、参加者の1人が死亡**してしまっている。

一方、「石」ではなく**「火」を投げ合う**のが、中米エルサルバドルの都市・ネハパで毎年開催されている「ラ・レクエルダ」という祭だ。

内容は、参加者たちが2つのチームに分かれ、**布をワイヤーで巻き、灯油を染み込ませた火の玉を投げ合う**というものだが、火傷も恐れず、至近距離で火の玉を投げ合う様子は、デモ隊か何かと勘違いしてしまいそうな光景である。

これは、17世紀にネハパで起きた火山の噴火による被災を忘れないようにするための儀式として行われており、観光客も多く訪れる「街の名物」になっている。

しかし、燃えさかる炎を使うにもかかわらず、特にルールもなく、ただ互いに投げつけ合うだけというものなので、毎年負傷者が少なくない。

そのため、なんとかならないかと頭を悩ませる地元の人もいるという。

エルサルバドルのネハパで行われる「ラ・レクエルダ」。火を投げ合うこの祭でも、石投げ祭同様、負傷者が多数出る（画像引用元：「2010 09 03.El Salvador:Fighting with fire.【http://www.youtube.com/watch?v=hbTf9PB6B5U】」）

石投げ祭にせよ火投げ祭にせよ、参加者にとってみれば非常に大事な行事であり、今後も続けていきたいという気持ちはよく分かる。

だが、負傷者や死者が毎回大量に出るのはやはり望ましいことではないだろう。祭自体の中止はともかく、参加者がなるべく傷つかない工夫を講じていく必要はあるのではないだろうか。

Vol.5 子どもの悪事はすべてお見通し 甑島の「トシドン」

大晦日の夜に

鹿児島県薩摩半島の西およそ30キロの東シナ海上に、甑島列島《こしきじま》という名の島群がある。

このうち、一番南に位置する下《しも》甑島では毎年12月31日、つまり大晦日の夜に、子どもたちにとっての〝**恐怖の来訪者**〟**「トシドン」**がやってくる。

「おるかおるか!? おるなら障子を開けー!」

日が暮れ、辺りが暗くなると、3~7歳くらいの子どもがいる家のまわりで、戸や壁を打ち鳴らす荒々しい音、さらに子どもの名前を叫ぶ声が響き渡る。

そして、ワラやソテツの葉などを使った装束をまとい、鼻の長い恐ろしい仮面をつけたトシドンが、荒々しく家の中に入ってくるのだ。

トシドンは、「良い子にしていたか!?」「お母さんの言うことを聞いてるか!?」「歌を歌え!」

などと容赦なく詰め寄るので、子どもたちはおびえ、返事をするのがやっと。

そのうえ、「ゲームの時間を守っていないそうだな？」など、**家族しか知らないような「悪事」までお見通し**なので、子どもたちも「なぜそれを知っているの？」と仰天し、来年の1年は良い子になることを約束するのである。

とはいえ、トシドンは恐いだけではない。説教が終わった後には、新しい年の幸運を願い、「トシダマ」と呼ばれる新しい1年の「魂」が入った大きな餅を子どもたちの背中に乗せてくれるのだ。

そして、「来年もちゃんと天から見といちゃろう！」と言い残し、次の子どもの家に向かうのである。

大晦日に現れる歳神様「トシドン」。叱った後は、写真のように子どもたちの背中に餅を乗せて帰っていく（写真引用元：「島から―鹿児島県甑島列島」）

トシドンの意義

神道における神である「歳神様《としがみ》」が語源とされるトシドンは、下界の子どもたちを空から見守っており、1年に一度、その行動を諭すべく首のない馬に乗ってやってくると言われている。

そんなトシドンに扮するのは地域の青年団員の面々

で、子どもたちのことをなんでもお見通しなのは、事前に親などが「子どものここを叱ってほしい」という内容をトシドンに伝えているためだ。

ただ、情報を間違ってしまうと大変なので、子どもの名前や叱る内容など、確認・予習は念入りに行うという。

時には、子どもの**父母が説教をされることもある**そうで、このことからは、子どもやその家庭環境に問題はないかを、地域に住む住民同士で確認し合っているようにも思える。ところで、今でこそトシドン役は大人に任されているが、昭和初期頃までは**7～15歳くらいの子どもが担当**したという。

6歳の子に向かって7歳の子が「良い子にしていたか!?」と、問い詰める場面を想像すると微笑ましくさえあるが、子どもの時期に「諭される側」と「諭す側」の両方を体験できるのは意義があるだろう。

このように、子どもの成長に合わせて地域の役割分担をしていくことを「郷中《ごじゅう》教育」といい、かつては薩摩藩（鹿児島県）の各地で実践されていたが、今ではほとんど見られなくなってしまった。

それを現在なお体現しているトシドンは、1977年、国指定の重要無形民俗文化財に、そして2009年には鹿児島県内で初めて、**ユネスコ無形文化遺産**として登録されている。

トシドンとなまはげ

一方、トシドンのユネスコ無形文化遺産登録の裏で泣いたのが、秋田県の「なまはげ」である。

なまはげは2011年、やはりユネスコ無形文化遺産への登録が検討されていたが「トシドンに類似している」として、見送られてしまったのだ。

たしかに、恐ろしい形相の面をかぶり、子どもを追いかけるという行事の内容は非常に似ており、実際、トシドンもなまはげも歳神の中の「来訪神」の1つと言われている。

そもそも日本では、異装を施して子どもたちを諭すという内容の風習が、なんと**50種類近くも存在する**という。

これらは、中国の長江中流域で始まった稲作と共に、蓑笠やワラをまとった祭が日本に伝来したのが起源と考えられている。

そして、沖縄の「アカマタ・クロマタ」、鹿児島の「ト

秋田県の「なまはげ」。トシドンと同様、大晦日の夜に子どもたちを諭すべく各家庭を訪れる、一種の歳神様である

シドン」、石川の「アマメハギ」、そして秋田の「なまはげ」と、日本海沿いに北へ伝わっていったそうだ。

ただし、日本国内においては、これらの行事の中で「なまはげ」の知名度が圧倒的に高い。したがって、2009年にトシドンがユネスコ無形文化遺産に登録された際には、インターネット上で、「トシドンって何？」「なまはげこそ登録すべきでは」などといった意見も多く見られた。

このように、国内でトシドンの名がさほど知られていないのは、伝統的な風習を守る下甑島の慎重な姿勢も関係している。

観光客を募り、大々的にその様子を公開するなまはげと違い、トシドンは一集落を除き、**取材を受け付けていない**のだ。

これは、トシドンでは家庭のプライベートに言及するため、という側面もあるが、それ以上に、「トシドンは人に見せるものではない、神聖で厳かな儀式」という、地域の人々の認識が強いためであるようだ。

下甑島にまつわる都市伝説

ところで、実はその昔、下甑島では隠れキリシタンの末裔たちによる**「クロ宗」**という信仰が脈々と受け継がれ、それを守るために外部を遮断した地域が存在するという噂が流れたことがある。その噂の内容は以下の通りだ。

クロ宗には**「死が近い信者の生き血と生き肝を取り出して信者全員で食べる」**あるいは、**「集落内での出来事は口外厳禁で、破った場合は死んで償う」**などの儀式や掟があり、それゆえ、信者が集まる下甑島の某集落では、各家庭が**3メートルものブロック塀で家を囲っている**という――。

下甑島南部の手打湾の風景。このように、鬱蒼とした自然が残る離島だからこそ、「クロ宗」のような都市伝説が浮上してしまったのかもしれない
(写真引用元：「島から―鹿児島県甑島列島」)

とはいえ、これはあくまで都市伝説に過ぎず、真実ではない。作家・堀田善衛《ほったよしえ》が著した「鬼無鬼島《きぶきじま》」という小説の内容が誇張され、噂として広まってしまったのである。

ただ、この都市伝説は、鬱蒼とした自然に囲まれ、トシドンのような風習を情報公開に頼らず地域の結束で保存し続ける下甑島が舞台であるからこそ、真実味を持って伝わっていったと言えるだろう。

下甑島には、日本の多くの地域で失われてしまった「神秘性」が、今も色濃く存在しているのである。

Vol.6 女は下唇に大皿をはめ、男は木の枝で戦うエチオピア・ムルシ族の人々の暮らし

少数民族の宝庫・オモ川流域

近代化していく社会に逆らうかのように、ケニア北部からエチオピア南部にかけては、今なお個性豊かな少数民族の風習や文化が生き続けており、多くの研究者や観光客の注目が集まっている。

特に、エチオピア南西部にあるオモ川流域は、「少数民族の宝庫」と称されるほどで、ここにはおよそ60000~1万人の人々が、一族単位の村を形成して暮らしている。

彼らは、1500~2000年前にオモ川の西から川を渡って移動してきたと言われ、現在は、おもに牛の放牧を行ったり、ソルガムやトウモロコシなどといった穀物を川の流域で育てて生計を立てている。

そんな人々の中で、とりわけ興味深い風習を持つことで知られるのが、**「ムルシ族」**と呼ばれる民族である。

その特徴として、筆頭に挙げられるのがリッププレートだろう。

これは、ムルシ族の女性が下唇にはめる大皿で、**口の中にもう1つ丸い顔があるようにも見える**。

この衝撃的な装飾は、むろんムルシ族の文化として行われているものであるが、その一方で、生活費をまかなうための大切な「収入源」でもある。

ムルシ族の人々は、カメラを向ける観光客に「撮影モデル料」を請求し、中には、私の写真を撮りなさいと、自らを売り込む者もいるほどなのだ。

ムルシ族の女性。15～16歳くらいになると、「デヴィニャ」と呼ばれる大きなリッププレートをはめるようになる (© MauritsV and licensed for reuse under this Creative Commons Licence)

このように、ムルシ族の集落は観光地化しつつあるのだが、安全な場所なのかと言えば、そんなことはない。

というのも、ムルシ族の人々は元来気性が荒いため、牛の奪い合いが原因で殺人事件が起こるなど物騒な話も少なくなく、部族間の抗争も絶えない。

また、男女共に体に傷をつける風習があるが、男性の傷は**「殺した敵の数」**を表わすとも言われ

デヴィニャを外したムルシ族の女性。普段、デヴィニャが入る輪の部分が伸びている（©Monkeyji licensed for reuse under this Creative Commons Licence）

ているほどだ。

そのため、ムルシ族の集落を訪れる観光客は、激しいケンカなどに巻き込まれないよう、注意が必要だと言えるだろう。

「デヴィニャ」の歴史

前述の、ムルシ族の女性がつける大きなリッププレートは別名「デヴィニャ」と呼ばれ、15～16歳くらいになると、土器で作った皿を下唇にはめ込むようになる。

このデヴィニャ、一見すれば下唇の肉を思い切り伸ばして装着しているように思えるがそうではない。

実は、**下唇のふちの部分に切れ目を入れて、穴が空いた部分に皿をはめている**のである。

なお、唇だけでなく耳たぶにも穴を空け、特大のピアスのような皿をつけている女性の姿もある。

ただ、デヴィニャの起こりは18世紀頃というから、さほど古くはない。

奴隷貿易が盛んだったこの時代、奴隷として売られないよう、唇に皿をつけて自分を醜く見せることで、商品価値をなくしたことが始まりだといわれている。

しかし、なぜそうなったかは謎だが、今では逆に、**皿の大きさが女性の美しさの目安**とされるようになっている。

実際、結婚する際には、デヴィニャの大きさによって、結納金にあたる牛の数が変わってくるほどなのだ。

それゆえ女性たちは、少しでも美人になろうと、体の成長にしたがって皿をどんどん大きなものに変えていくそうだ。

また、以前は、この皿を男性の前で取ることはタブーとされていたが、最近ではエチオピア政府の指導もあって、普段は外している女性も多い。

牛は貴重な家畜

そんなムルシ族にとって、何よりも価値があるものが「牛」だ。

牛は、生活を支える重要な家畜であり、ムルシ族は牛をとても大事にしている。**お金のようにも使われる**ことは、それを象徴していると言えるだろう。

すでに述べた通り、ムルシ族の女性は結納時により多くの牛がもらえるよう、唇を無理に伸ばしてでも、大きなデヴィニャをはめようと頑張る。

ちなみに、結納時には30頭ほど牛がもらえれば上々なのだそうだ。

むろん、お金として以外の用途もさまざまで、例えば昔は、鉄分などのビタミンを摂るために牛の血を飲んでいたという。

また、現在でも虫よけや日焼け止め、皮膚の乾燥防止対策として、牛の血や糞尿などを体に塗る習慣が残っている。

スティック・ファイティング

ムルシ族の女性たちは大きなデヴィニャで美しさをアピールするが、一方、男たちには一世一代の「婚活」がある。

それが、ソルガムの収穫が終わる8～9月にかけて行われる「ドンガの儀式」で、その内容から**「スティック・ファイティング」**とも呼ばれる。

これは、石灰質の泥を体に塗って装飾を施した男たちが、**「ドンガ」と呼ばれる2メートルほどの細い木の杖を持ち、それを武器に戦う**というものだ。

この戦いに勝利した男は英雄として扱われ、一族から圧倒的な尊敬を集められると共に、意中の女性にアピールするための絶好の機会でもある。スティック・ファイティングが、ムルシ族男性にとって「婚活」だと書いたのはこのためだ。

スティック・ファイティングの前、男たちは牛の血を飲み、自らを奮い立たせる。そして、勇ましい掛け声や歌がこだまする中、旗を掲げた2つの集団が見合う。

銃声が鳴るとそれが開始の合図で、集団から出てきた男たちがドンガを交える。

ドンガは木の枝であるとはいえ、当然ながら当たれば強い痛みがあり、流血することもしばしばである。

「スティック・ファイティング」こと「ドンガの儀式」。ドンガと呼ばれる木の枝を持ち、これを武器に男たちが戦う（画像引用元：「South Ethiopia : Upper Omo Valley/Suri tribe (aka Surma) tribal Donga Stick Fighting Ceremony【http://www.youtube.com/watch?v=4rymM5Vg4II】」）

スティック・ファイティングでは、相手を地面に倒したほうが勝ちで、勝者は旗を持って勇ましく歩き、用意された神輿に乗って勝利の雄たけびを上げるのだ。

そんなスティック・ファイティングは、ムルシ族にとって最も重要な儀式である。

女性のデヴィニャ同様、この戦いは今後もムルシ族男性に受け継がれていくのであろう。

Vol.7 行き過ぎた美の追求とその代償 中国の「纏足」

「小足女性」が美しい文化

美を追求する女性たちは、その情熱のあまり、結果として、健康に害をおよぼしてしまうこともある。

例えば、過度のダイエットが原因で冷え性や生理不順に陥るなどの弊害は、まま見られるものだ。

これは、何も現代だけが抱える問題ではなく、歴史的にもいくつか存在した。その代表が、中国の**「纏足《てんそく》」**である。

かつて、中国では足の小さな女性が美しいとされていた。このため、足が大きいと結婚はおろか恋愛すらできないという時代さえあったという。

したがって、女の子を産んだ母親たちは、娘が行き遅れにならぬよう、足を小さくしようとさまざまな工夫を試みた。

その流れの中で生み出された風習こそが纏足であり、具体的には、女性の幼児期に**足の成長を妨げ、10センチ程度の大きさに留める**というものだ。

明らかに人体にとって良くない風習だと言えるが、地域によっては、なんと20世紀のなかばまで続いていたという。

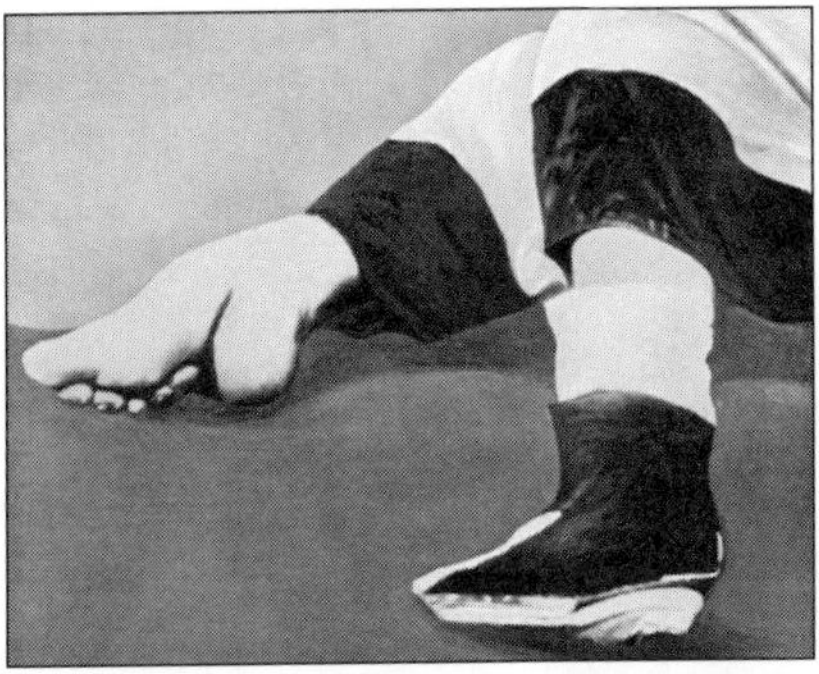

纏足を施された足。左足に履いているのは纏足用の靴

3年にもおよぶ手術

纏足のための手術を施されたのは、おもに3歳から5歳までの少女たちで、これは**大いに苦痛を伴う**ものだった。

手術は、4つの段階に分けて行われた。

第一段階として、施術人はまず、少女の足をお湯で念入りに温め、柔らかくなったところで親指以外の指を足裏に向けて折り曲げ、布でしっかりと足を縛る。

巻かれた布は3日に一度は取り替えられ、半年をかけて、徐々に縛りを強めていく。

そして、土踏まずに指が深く食い込むと第二段階の

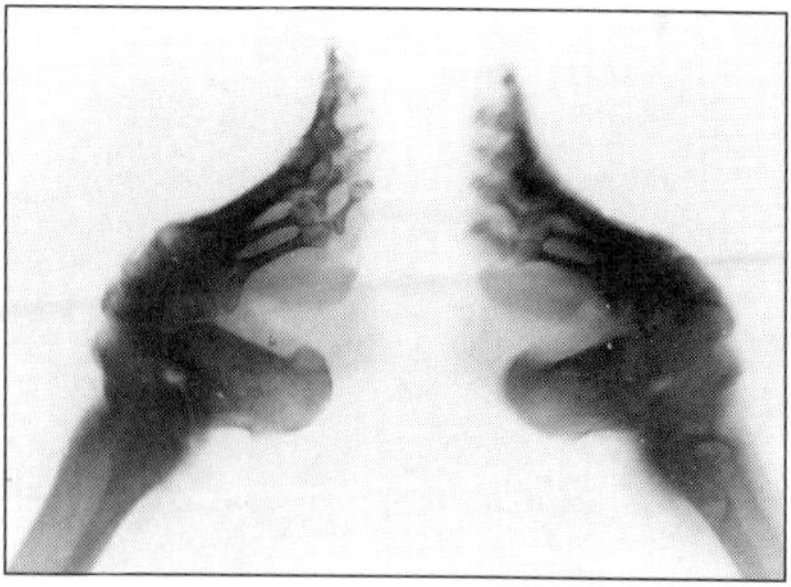

纏足を施した足のレントゲン写真。骨が完全に曲がってしまっている

完成だが、**8本の指を常に踏み歩くことになるため、歩行のたびに激痛が走る**。

次の第三段階では指が中足《ちゅうそく》骨（足の指骨につながる真ん中付近の骨）ごと折り曲げられ、足に内出血、化膿、皮膚のただれやこわばりといった症状も現れ、**最終的には小指が潰れてなくなってしまうこともある**。

むろん、少女は尋常ではない痛みに悲鳴を上げ、激痛のあまり夜も眠れない日々が続く。

その後、痛みに耐え抜き種々の症状が落ち着いてくると、肉が削げ落ちほっそりとした「理想の足」に近づく。

続く最終段階では、ハイヒール状に足裏にくぼみができるように縛り方を変えて固定する。そして、足が理想とされる3寸（約10センチ）の大きさになれば、ようやく完成となる。

この手術は、なんと**3年間という長きにわたって行われる**ものであり、纏足ができあがるまでの間の少女の苦しみを考えると、思わずゾッとしてしまう。

ちなみに、手術を行っていたのは医者ではなく、ほとんどが少女の母親や親族など。よって、途中で失敗してしまうこともよくあったという。

纏足を得た代償

こうした苦労を経て纏足になった女性は、腰まわりが鍛えられて性的能力が高まると信じられ、男性たちからもてはやされた。

ただ、その代償はあまりにも大きかった。

無事に纏足が完成したとしても、その後は足が元に戻らないよう、常に布で足を緊縛し続ける生活が始まる。

このため、血管が収縮し、肌は荒れ、皮が剥けて悪臭を発することもある。また、布も汗がしみこむので臭くなり、**女性は足の手入れと悪臭に一生悩まされる**ことになるのだ。

そして、一番の悩みはやはり歩行にあった。どれだけ纏足に慣れても満足に歩くことは難しく、纏足女性たちは、幼児のようなよちよち歩きしかできなかった。

こうした状態では、当然介護なしの遠出はほぼ不可能になる。そのため、**女性の自由を奪って家に束縛する**ことも、纏足の目的の1つだったのではないかと言われている。

西太后が出した禁止令

纏足の起源については諸説あり、現在では、唐時代説と北宋時代説の2つが有力だとされているが、どちらにせよ、纏足が数百年以上続けられたことに変わりはない。

しかし、そんな纏足の歴史にも終止符が打たれるときがくる。それは、1644年の清王朝建国がきっかけだった。

纏足は、もともと漢民族の風習だったのだが、清を築いたのは漢民族ではなく女真族である。

そのため、自分たちに馴染まない風習を消し去るべく、清朝の歴代皇帝たちはたびたび纏足禁止令を出したのである。

中でも影響力が大きかったのは、義和団事件後、1902年に西太后が出した禁止令だった。義和団事件で国内情勢は大きく揺らぎ、国政改革を余儀なくされた西太后が、改革案の1つとして纏足禁止令を提案したのだ。

通例であれば、こうした禁止令が出ても漢民族の反発が強く廃止、または無効化されていたのだが、この時期は欧米文化の台頭などにより纏足に疑問を持つ者も多く、禁止令は広い範囲で受け入れられていくこととなったのである。

20世紀中盤以降はほぼ消滅

その後、清が滅亡し、中華民国の時代となると纏足廃止運動はますます盛んになった。

国民党は纏足を封建時代の遺物と民衆に喧伝し、その結果、１９３０年代にはかなり廃れてきた。

そして、とどめとなったのが日中戦争と内乱による国土荒廃、さらに文化大革命による旧来風習の断絶活動だ。これらにより、新たに小足を作ろうという者はほとんどいなくなったのである。

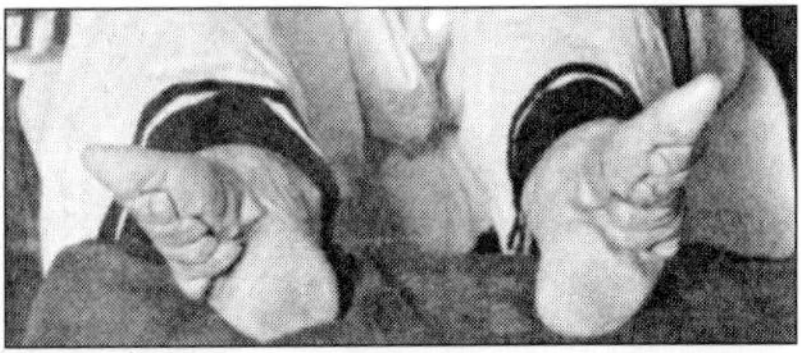
正面から撮影した、纏足を施された女性の足。今なお中国には、こうした足を持つ女性がわずかながら存在する

ただ、文化大革命は１９６０〜70年代の出来事だ。このため、中国の年配女性の中には、わずかな割合だが**纏足の人が今なお存在する**。

なお、纏足はそのインパクトからか誇大に語られる傾向があり、例えばインターネットなどでは**「纏足は幼女の足を鶏の臓物で温め、母親が無理矢理足をへし折って作り出すもの」**などの間違った紹介文が散見される。

たしかに、現代から見れば纏足はかなり異常な風習のように思えるが、時代によって女性の美に対する価値観や常識は異なる。

したがって、今日の欧米や日本における「痩せているほうが女性として望ましい」という概念も、長い年月が経てば、奇妙な風潮だとみなされるのかもしれない。

Vol.8

手のひらに釘を打ちつけ磔になるフィリピン「聖週間」の受難劇

アジア一のキリスト教国

フィリピンはもともと、先祖の霊や自然界の精霊を崇拝するアニミズム信仰が文化の中心であったが、16世紀にスペインの手により植民地化され、欧米人によってキリスト教の文化が持ち込まれた。

その後、19世紀末にアメリカの支配下に置かれると、フィリピンのキリスト教化の動きはさらに加速し、伝道師の活動によって多数の人々がキリスト教に改宗していった。

こうした経緯から、フィリピンは現在でも国民の8割強がカトリック、約1割がプロテスタント、つまり、**9割以上の国民がキリスト教徒**という、アジア一のキリスト教国家となっている。

このため、フィリピンで行われる宗教行事の多くはキリスト教関連だ。

例えば、セブ島の「シヌログ祭」は、この島に上陸したマゼランが島民に贈ったサントニーニョ像（聖なる幼きイエスの像）を崇めるというもので、祭の当日には、フィリピン各地からカトリック教信者が集まる。

ただし、メインイベントのダンスパレードでは、参加者の多くが地元の派手な民族衣装を身にまとう。つまり、古くからの伝統とキリスト教文化が入り混じった祭でもあるのだ。

この祭に象徴されるように、フィリピンにおいてキリスト教が大いに広まったのは、伝統とうまく融合してこられたという背景があったからだろう。

フィリピンの「聖週間」において、キリストの磔を再現する劇を行っている様子。磔にされる者は、実際に手のひらに釘を打ちつけられ、十字架に固定される（写真引用元：「アジアの奇祭」）

キリスト教の「聖週間」とは

そんなキリスト教大国・フィリピンで行われる行事の中でも、とりわけ異彩を放っているのが、**「聖週間」**である。

聖週間とは、イエス・キリストがエルサレムに入城してから磔《はりつけ》にされ、その後復活する前日までの1週間を指した用語であり、もともとは行事の名前ではない。

ちなみに、プロテスタントなどカトリック以外の宗派では、この1週間を「受難週」あるいは「受難週間」と呼ぶこともある。

そして聖週間には、イエスの功績を称えるためのさまざまな催しが、フィリピンのみならず世界各地で行われる。

その内容は宗派や地域によって異なるが、イエスの「受難劇」を再現するものがほとんどだ。

聖週間にあたる週（おもに4月上旬か中旬）が訪れると、教会では聖書のイエス受難物語が読まれ、教徒たちは主の受難と神秘に祈りを捧げる。さらに、キリスト教への信仰が深い地域では、受難までの道のりを模したパレードや劇が行われることもある。

そして当然、フィリピンでもこの聖週間は重要視されているのだ。

聖週間中はフィリピンの企業や学校の多くが休日になり、首都・マニラを中心とした都市部は数十万人ものキリスト教徒で賑わう。

フィリピンでは、聖週間はクリスマスの次に大事な行事であり、国中が活気づくのである。

聖金曜日の受難劇

そんなフィリピンの聖週間の中でも、イエスが磔に処せられた**「聖金曜日」**になると、盛り上がりは最高潮に達する。

聖金曜日にはフィリピン各地で宗教行事が行われるが、最も有名なのはイエスの処刑を再現した演劇だろう。

フィリピンのパンパンガ州サンフェルナンド市サンペドロ町では、毎年聖金曜日になると、キリストがゴルゴダの丘で磔にされた様を再現した劇が行われるのだが、これが実に過激だ。

この劇では、キリストを演じる者は**本当に十字架を担ぎ、イバラの冠を頭にのせて町中を練り歩く**。

さらに、その後からは何十人もの苦行者が列を連ねてついていき、**自身の背中に鞭を打ちつけ血を流しながら**、主が味わっただろう痛みと苦しみをその身に刻みつけていくのだ。

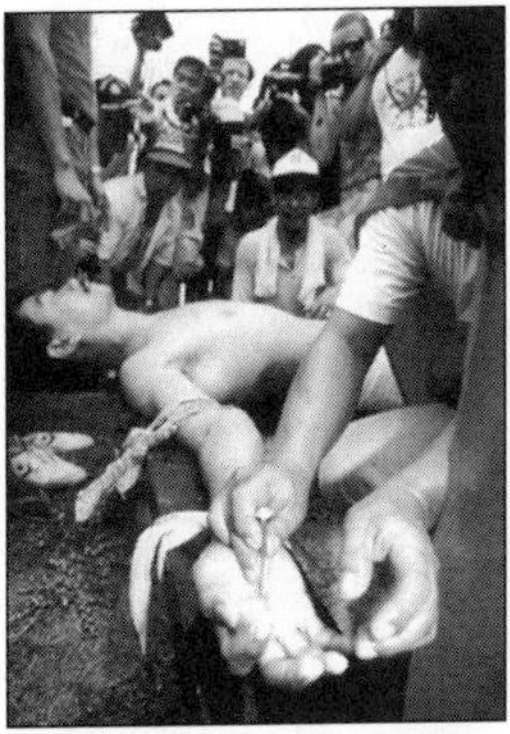

手のひらに釘を打ち込む直前の様子（写真引用元：「アジアの奇祭」）

参加者の中には、苦しみに耐えかね狂乱状態に陥り、失神してしまう者も出るという。

その後、所定の場所まで十字架を運び終えると、続いては磔が待っている。

そしてこの際には、腕をロープで十字架に縛りつけるのみならず、なんと**手のひらに釘を打ちつ**

けて固定してしまうのである。

ゴルゴダの丘を題材にした受難劇自体は少なくないが、ここまで忠実に再現したものはフィリピンで行われるものだけだ。

そのため、この受難劇は世界的にもかなりの知名度を誇り、当日には、海外からも大勢のクリスチャンが押し寄せ、磔に処されるイエスに対して祈りを捧げていくのである。

なお、十字架に磔にされる役は、基本的に地元の志願者の中から選ばれる。しかし、以前はイエスの苦難を自分も受けたいと、外国人教徒からの志願が殺到していた時期もあった。

実際、ベルギー人の修道女が参加した例もあったのだが、そんな中、外国人の参加が国際問題に発展しかける騒動が起きた。

その原因を作ったのは、なんと**日本人**だったのである。

日本人AV男優の暴走

1996年、金子真一郎という名の日本人男性が、聖金曜日の受難劇への参加を志願した。彼は、癌の弟を助けるために行事を通じて願掛けをしたいと頼み込み、日本大使館の許可を条件に参加が認められたのである。

だが金子氏は、大使館の許可を取らないまま行事に参加。そして約5分間もの間、十字架で痛みに耐え続けた。

その翌日、フィリピンのテレビニュースや新聞は彼の行いを大きく取り上げ、当時のフィリピン人たちは金子氏を「日本人の鏡」と称えるほどだった。

ところが、思わぬ真実がスクープされた。実は金子氏は、観念絵夢《かんねんえむ》という名で活躍していた**マゾAV男優**だったのだ。

しかも、彼に**癌の弟がいるというのも大嘘**で、彼が行事に参加したのは、**SMを題材にしたAVを収録するためだった**のである。

●AV男優が国辱行為を告白
SM撮影隊が カソリックの祭典を汚していた!
世界から注目される"行事"
日本のテレビも騙された

金子真一郎氏が実はＡＶ男優であり、行事に参加した目的もＡＶ撮影のためだったことを糾弾する週刊誌の記事（画像引用元：「週刊ポスト」1996年5月3日号）

この事実を知ったフィリピン人たちは激怒した。神聖な行事を汚され、無許可でアダルトビデオのネタにまでされたのだから当然である。

そしてこれ以降、外部への警戒が強まり、さらには年々観光客のマナーが悪化してきたこともあって、2010年には外国人の参加が正式に禁止された。

金子氏が起こした事件を含め、異国の行事を利用したり茶化したりするのは恥ずべき行為だ。真剣な思いで行事を開催している地元の人々に対する礼節を忘れたくないものである。

Vol.9 夫を追って未亡人が火に飛び込むヒンドゥー教の後追い死「サティー」

カンワルさんの焼身自殺

1987年9月、インドのラージャスターン州デーオラーラ村で衝撃的な事件が起こった。ループ・カンワルさんという18歳の少女が**「サティー」**を行ったのだ。

サティーとは日本語で「寡婦殉死」と訳され、夫が先に死んだ場合、その後も貞節を守り続ける「誓い」として、**亡骸と一緒に妻も焼身自殺する**というヒンドゥー教の風習だ。

カンワルさんの事件の概要は以下の通りだ。

結婚から8ヶ月後、カンワルさんの夫が24歳で急死してしまうのだが、その直後、彼女はサティーを行う意思表明をし、村人が見守る中、遺体を焼くために積み上げられていた薪の上に「自ら」座った。

そして、4000人の群衆が見守る中、**夫の頭を膝に乗せ、焼身自殺を果たした**のである。

実は、この風習は1829年に禁止令が制定されており、その後はほとんど消滅したと思われていた。そんな中、カンワルさんの事件が起こったことで、世界中に衝撃が走った。

事件後、インドではサティー反対派と擁護派双方の激しいデモが行われるなど大騒ぎとなったが、カンワルさんは古き風習を守った貞女として女神扱いされ、デーオラーラ村は大勢の人々が詰めかける「巡礼地」となったのだった。

1820年代に行われた「サティー」の様子を描いた絵画の一部。未亡人となった女性が、火中に飛び込もうとしている様子が見られる

「偽装サティー」が起きた理由

ところが、その後驚くべき事実が発覚する。なんと、カンワルさんは火に焼かれる前、**麻薬を大量に飲まされていた**というのだ。

さらに、**「火の周囲で警護していた義弟らが逃げ出そうとする彼女を阻止した」「助けを求める彼女の悲鳴がドラムの音でかき消された」**などの証言も続々報告された。

その結果、カンワルさんのサティーは強制によるものとして、関係者が30人近く逮捕されることとなる。

しかも、カンワルさんがサティーを行うということが彼女の実家に伝えられたのは、彼女の死後だったというから、客観的に見て、カンワルさんは殺された可能性が高いと考えられる。

では、なぜこうした事件が起きたのか。

その背景には、金銭の問題がある。

そもそも、サティーを行うのは、裕福な家庭の女性とされており、また、インドでは妻が男児を設ける前に夫が死亡すれば、未亡人が財産相続の権利を持つという慣習がある。ところが、妻がサティーを行えば財産相続の権利は嫁ぎ先に残る。

カンワルさんの場合も、夫が死亡したため、高額のダウリー（持参金）はすべて彼女が実家に持ち帰れたはずなのに、彼女が死んだことで、お金は嫁ぎ先のものとなってしまった。

しかも、すでに述べた通り、カンワルさんのサティーが行われたデーオラーラ村は、巡礼者が詰めかけるようになり、経済的に潤った。

炎の中で微笑むカンワルさんの写真まで販売される始末で、そういう意味では、彼女の死は商売道具にさえなったのである。

この事件がきっかけで、州政府は改めて「サティー禁止法」を制定した。

そして、サティーを手助けした者は死刑か終身刑、サティーを美化した者も禁固刑か罰金刑が科せられるようになったのである。

サティーの起源と現在

そんなサティーの起源は諸説あるが、一番有力なのは古代インドの大長編叙事詩「ラーマーヤナ」起源説だ。

ラーマ王子が魔王・ラーヴァナに誘拐された妻・シーターの救出の旅に出る。その後、14年もの歳月をかけてやっと妻を救い出すが、ラーマはシーターの貞操を疑ってしまう。それを嘆き悲しんだシーターは、身の潔白を証明するために聖火に飛び込んだ。そこに火の神アグニが現れ、シーターの潔白を証明した、というのがラーマーヤナの概要である。

これをヒンドゥー教の一部信者が**「焼身自殺は貞淑な女性であることを示すための行為」**と解釈し、それがさらに**「夫の葬儀の後に残された妻は焼身自殺すべきだ」**というふうに変化していったと考えられている。

古代インドの叙事詩「ラーマーヤナ」の一場面（ラーマ王子の妻・シーターが誘拐されているところ）を描いた絵画。その後、ラーマ王子はシーターを救い出すが、その貞操を疑ったため、シーターは身の潔白を証明すべく火に飛び込んだ。このエピソードが、サティーの起源だというのが有力な説である）

特に、18世紀の末頃には多くの未亡人が火に飛び込み、1829年の禁止法が制定された後も、少数ではあるがこの風習は続いていたよ

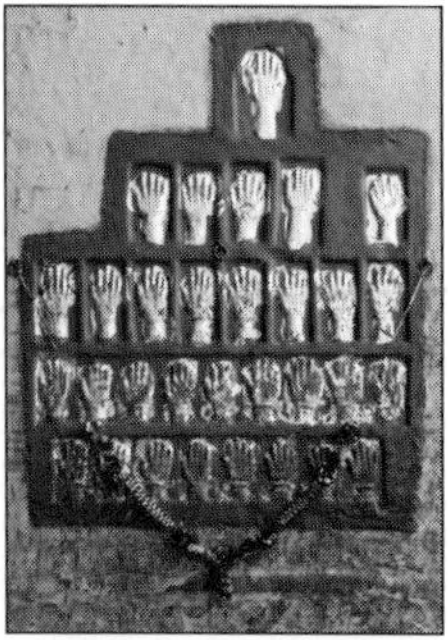

インドのラージャスターン州の博物館に展示されている手形。これは、あるマハラジャ（封建時代のインドの地方領主の称号）が死んだ際、その後サティーを行った未亡人たちのものである（©Flicka licensed for reuse under this Creative Commons Licence）

うで、1872年に書かれたジュール・ヴェルヌの「八十日間世界一周」でも、サティーの危機に瀕したボンベイの豪商の娘を主人公が助け、その後妻にするという設定が見られる。

　そして、今なお自らサティーを志願する女性もいる。理由としては、ヒンドゥー教では、**未亡人が不吉な存在とされ忌み嫌われる**からだ。

　未亡人となった女性たちは、「前世で犯した罪に対する罰で夫が死んだ」あるいは「夫を食べた」とも言われ、**夫の死の責任を負わされる**。

　実際、夫が死んだ後の生活は過酷で、再婚も家族の祝事にも儀式にも参加できず、ほとんど家の中だけで過ごすことを強いられるのだ。

　よって、そんなつらい状態で生き続けるより、夫と一緒に焼かれて死んだほうが楽だと考える女性が出てくるのである。

　近年でも、2008年にインド中部のチャッティスガル州で、**71歳の女性が夫の火葬中、炎に身を投げて自殺**している。

日本の「殉死」文化

サティーとは異なるが、実は、「後追い死」は日本にも古くからあった。いわゆる**「殉死」**だ。例えば、「魏志倭人伝」には、邪馬台国の女王・卑弥呼が死んだ際、100人余りの奴婢が殉死させられたとある。

その後、平安時代末期から始まる武家社会では、主君が非業の死を遂げたとき、臣下や従者が後を追って自殺することが多々あった。

特に1607年、徳川家康の四男で清洲藩主だった松平忠吉が死んだ際には近臣も殉死したのだが、その後、ほかの藩でも藩主が死んだ際には近臣が次々と殉死し、まるで、各藩が**殉死者の数を競う**かのような事態になってしまう。

こうしたことで有能な家臣を失う損失、また、子孫繁栄への影響などを憂えた江戸幕府は、1663年に口頭で「殉死の禁止」を伝え、1683年には、五代将軍徳川綱吉による「天和令」において明文化された。

そして現在、こうした殉死文化は当然存在しないが、人気歌手が若くして死亡した場合などには、後追い自殺者が出てしまうのも事実だ。

だが、ファンが自分の後を追って死ぬのは、先に死んでしまったほうとしても歓迎できるようなことではあるまい。現代の日本において、「殉死」は誰にも望まれていないのである。

第2章
思わず目を疑う不思議な風習

「奇習」を自称する行事・山形県上山市の「カセ鳥」

Vol.10 背中にワニのウロコを彫って強くなるセピック族の「ワニ信仰」

セピック川流域に暮らす民族

ニューギニア島には、セピック川という大河が流れている。

その流域には村落が点々と存在しており、それぞれ文化が細かく異なる民族が暮らしているが、彼らは総称して、「セピック族」と呼ばれている。

中には雨季の増水に備え、2メートル近い高床の住居で暮らす地域もあるが、それでもセピック族はカヌーを利用するなどして、自然と共存する生活を営んでいる。

これは、彼らが山や川、森、動物などを崇める独特の「精霊信仰」を持っており、自然界のすべてに霊が宿ると信じているためだ。

同じパプア・ニューギニアでも、都市部では多くが敬虔なクリスチャンであるが、ジャングルに暮らすセピック族のような少数民族は、今なお精霊を信仰し、それに沿った生活を送っているのである。

ワニの模様を彫る儀式

そんなセピック族の中には、**ワニを守り神として崇め、自分たちの祖先はワニだと信じている**部族がいるが、彼らが行う「男子の成人の儀式」は壮絶だ。

それは、「偉大なるワニの強さを体に取り入れる」ため、**背中を中心にワニの模様を彫る**というものなのである。

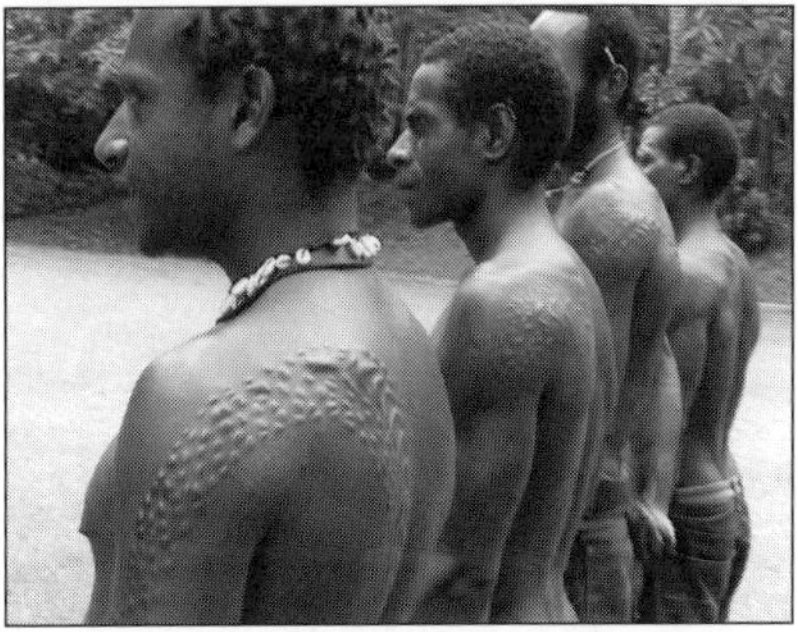

背中に「ワニのウロコ模様」を彫ったセピック族の男性。彼らが属する部族には、ワニを崇める「ワニ信仰」がある（画像引用元：「Global Vision : Papua Neuguinea Sepik Crocodile Men【http://www.youtube.com/watch?v=W_5-j34hRdc】」）

具体的な流れは以下の通りだ。

まず、集落の長がデザインした通りに**背中をカミソリで傷つける**。

そして、**この傷口に特殊な樹液を塗りこみ膨らませ、最終的にワニのウロコのような模様に仕上げる**のだ。

聞いただけでゾッとするような話だが、実際、傷からにじみ出た血を水で洗い流す際の激痛は凄まじいようで、気絶、嘔吐、失禁なども当たり前で、痛みのあまり執刀中に逃げ出そうとする者も多いという。

この過程での流血は、彼らにとって「母親から受け継いだ女の血をすべて流す」という意味があり、儀式を終えて初めて「男になる」と信じられている。

とはいえ、止血もしないので、**障害が残ったり、ショックや出血多量で死亡する**例もある。成人になるには相当の覚悟がいるのだ。

傷を彫り終わった後も、ウロコ模様の部分が化膿し、何日もの間激痛は続く。さらに、1ヶ所に体重がかかれば傷が潰れて綺麗に仕上がらないため、寝るのにも神経を使うという。

これら種々の苦難を乗り越え、2ヶ月ほどが経つと、肌はワニの皮膚のようなウロコ模様になる。

こうしてようやく、男たちは成人し、**「クロコダイルマン」**として認められるのだ。

ハウスタンバラン

ワニの模様を彫る成人の儀式は、村の中心に建てられた「ハウスタンバラン」という場所で行われる。

ハウスタンバランは「精霊の家」を意味する、非常に神聖な祭祀用の家である。

そんなハウスタンバランは、**建物自体が「女性」を、室内は「胎内」を象徴**していると言われる。

「精霊の家」を意味する「ハウスタンバラン」。建物自体が「女性」を、室内は「胎内」を象徴すると言われている（画像引用元：「Global Vision : Papua Neuguinea Sepik Crocodile Men【http://www.youtube.com/watch?v=W_5-j34hRdc】」）

この中で成人の儀式を行い、そこから出ていくことによって、男子は大人の男として「再び生まれる」のだという。

儀式を行うのはおおよそ14～18歳の男子たちで、彼らはまず、ハウスタンバランの2階に集められる。

最初の2週間、全身に泥を塗った彼らは長老たちから「村の掟」を学ぶ。

それが終わると、いよいよワニ模様彫りを行うのである。

模様を彫った後の数ヶ月間は、さらに長老たちから「部族の歴史や掟」「家族を養っていくための知恵」を教わる。

すなわち、彼らは**約半年という長期にわたって、ハウスタンバランの中にこもる**というわけだ。

そのため、ハウスタンバランは、男たちが家族や村を守っていくべき術を伝え守っていくための教育機関のような役割を持っているとも言える。

その後、無事にハウスタンバランを「卒業」

木彫りのワニ。近年、このような作品は「セピック・アート」と呼ばれ注目を集めている（画像引用元：「Global Vision : Papua Neuguinea Sepik Crocodile Men【http://www.youtube.com/watch?v=W_5-j34hRdc】」）

した男たちは、サゴヤシというヤシの木の一種を切り倒す任務を与えられるが、これは成人の男のみに認められた、とても重要な仕事なのである。

なお、地元民にとってハウスタンバランは、通常女人禁制の場所でもある。

セピック・アート

現在、セピック族のこうした文化は**「セピック・アート」**として注目を集めており、セピック川流域はプリミティブ・アート（未開民族の造形芸術）の宝庫として、世界的に有名になっている。

そのため、セピック族の村を訪れる研究者や観光客も増加しているという。

実際、魔除けや呪術の意味を持つ仮面、また、神話の一場面や村の生活を彫刻で木の板に表現したストーリーボードなどは、見ているだけでも華やかで楽しい。

そして、国外持ち出し禁止のものなど、最も神聖かつ貴重な作品が納められている場所もまた、ハウスタンバランなのである。

ちなみに、こうしたハウスタンバランは、それ自体もアートであり、精霊の像や厳しい顔をした木彫りの男性像が施されるなど、素晴らしい内装になっている。

セピック族と日本人

そんな中、ワニを信仰している集落のアートは、当然ながらワニがモチーフとなったものが中心となっており、カヌーの舳先《へさき》や種々の民芸品など、あらゆるところにワニが彫り込まれている。

我々日本人からしてみれば、体をはじめとして、何にでもワニを彫ってしまうほど熱心なワニ信仰は、一見、異様なものに思えるかもしれない。

しかし、日本でも稲荷明神のキツネのように、動物と神との関わりは色濃く残っている。また、日本の神道のもとを辿れば、あらゆるものに神や精霊が宿るという「自然崇拝」という考えに行き着く。

そう考えれば、精霊信仰に基づいたセピック族男性のワニの模様やワニをモチーフにしたアートも、どことなく親近感を持って見られるのではないだろうか。

Vol.11 遺体をハゲワシに食べさせて天に還す チベットの伝統的な葬儀「鳥葬」

チベットの5種類の葬儀

葬儀は宗教ときわめて密接な儀式であるが、「無宗教」を自称する人が少なくない日本などでは、無宗教式の葬儀が行われることもある。

一方、世界を見渡せば、宗教式の葬儀が圧倒的に多く、中には、ほかでは見られないような独特のものも少なくない。

例えば、チベット仏教への信仰が厚い中国のチベット自治区では、以下の5つの方法で死者をあの世へと送り出す。

まずは、遺体を地中に埋める「土葬」、遺体を川に投げ込む「水葬」、そして、遺体を燃やして遺灰を河川や山に撒く「火葬」。

これらについては、他国と比べてもさほど珍しくはないが、4つ目の**「塔葬」**は、最も宗教色の強い葬礼だと言えるだろう。

塔葬とは、**大量の塩や香辛料を擦り込んだ遺体を霊塔の中に安置する**という儀式であり、この方法で弔われた故人は高名な人物として人々から尊敬されることになる。

一方、土葬は主に罪人の、水葬は経済的に恵まれない人の、火葬は塔葬と同じく僧侶や高官のための葬礼なので、普通の人はこれらの方法で弔われることはない。

では、チベットで一番ポピュラーな葬礼は何なのか。それが、遺体を鳥に食べさせて天へと還す**「鳥葬」**なのである。

チベットで行われる鳥葬の様子。「天の使い」と呼ばれるハゲワシが遺体をついばんでいく（©FishOil and licensed for reuse under this Creative Commons Licence）

鳥葬を行う理由

この鳥葬自体は世界的に有名だが、決して正しいイメージが浸透しているとは言えない。

特に多い勘違いが、「チベット人は鳥を神の使いに見立て、それに食べさせることで死者の魂を成仏させている」というものだ。

だが、これは完全な誤りである。

そもそも、鳥葬を行う時点で死者はすでに成仏した後であり、遺体は魂の抜けた抜け殻に過ぎない。

チベット高原（写真）は海抜 4000 メートルを超すほどの高さであり、手間のかかる土葬や火葬に比べ、鳥葬は非常に効率的な葬儀であるとも言える

鳥葬は、**魂ではなく「魂の抜けた遺体そのものを天へと還す」儀式**なのだ。

また、人間は生きている間に多くの命を糧とするので、その詫びとして、死後に体をお布施として鳥たちに差し出すという意味合いもあるそうだ。

しかしながらその一方で、鳥葬は、もっと現実的な理由から行われているという意見も聞かれる。

チベットという土地は、「世界の屋根」と呼ばれるほど標高が高い高原地帯であるため、土葬をするには固い土を掘るのが大変で、火葬の燃料となる木々もなかなか集まらない。

よって、鳥に遺体を処理してもらう方法が**一番チベットの現状に合っていて効率的だ**というのである。

ちなみに、モンゴルでも遺体を野ざらしにして鳥や狼に食べさせていた時代があったそうだが、現在でも鳥葬を当たり前に行っているチベットとは違い、こちらは完全に廃れてしまっている。

鳥葬が行われる手順

それでは実際に、鳥葬はどのような手順で行われるのか。

チベットで一般人が死ぬと、遺族は僧侶を招き、読経によって故人の罪状消滅と成仏を祈ってもらう。

お経を唱える期間は非常に長い。なんと**3日から1週間も続き、しかも昼夜を問わない**というから驚きだ。

それが終わり、定められた葬儀の日になると、遺族に見送られて出棺となる。

遺体が郊外に設置された鳥葬台まで運ばれると、鳥葬師と呼ばれる職人の出番である。

彼は遺体をうつ伏せにすると、**背中から包丁を入れて肉を切り開き、次に胴体、手足、頭を切断して細かくバラバラにしていく**。

これは、鳥が食べやすいようにという配慮であり、そうこうしているうちに、血のにおいに誘われたハゲワシたちがやってくる。

チベットの鳥葬台の様子。ここでハゲワシについばまれることにより、遺体は天へと還っていく

「天の使い」と呼ばれるハゲワシが死肉をついばんでいる最中も、鳥葬師はさらに遺体を細かく砕き、頭蓋を開いて脳を石で潰すなどして、食べ残しがないよう丁寧に分け与える。

ハゲワシたちが去った後にはごくわずかな量の骨だけが残り、僧侶が祈祷を済ませると鳥葬は終了となる。

実際には、ここで紹介した手順以外にも、鳥葬は地域ごとに細かな違いがあるようで、例えば、「鳥を呼び寄せるために煙やお香を焚く」「最初から肉をバラバラにして置いておく」「遺体を切らずにそのまま食べさせる」などのケースもある。

遺体を切らない場合には骨が残ることも多いが、保管場所が用意されているので、残った骨はそこに安置されることになる。

なお、遺族は決して鳥葬台には行かず、その後も四十九日が終わるまでは絶対に故人の名を口に出さない。

これは、転生を待つ魂を現世に呼び戻さないようにするためなのだという。

一方、すでに述べた通り、貧しい家庭は鳥葬ではなく水葬を選ぶことがある。

これは、鳥葬をするには鳥葬師や僧侶を雇う必要があるためで、子どもや浮浪者が水葬の対象になることも多い。

水葬では、葬儀が始まると遺体は関節ごとに切断され、**バラバラにした状態で川へと流される**。

これは鳥葬と同様、魚が食べやすいようにするためだと言われている。

また、水葬の方法も1種類だけではなく、場合によっては遺体を切断せず、全身を白い布に包んで水底に沈めることもあるという。

水葬は、鳥葬と違って専門職の人を雇う必要がないため、安上がりではある。ただし、川が近くになければそもそも不可能だ。

チベットには河川が少ないため、水葬が行われるのは、おもにチベット南部の谷部周辺のみに限定されているのである。

鳥葬の今後

鳥葬は、遺体を切り刻むといった手順を経るため、先進国に暮らす外国人などから「野蛮な風習」だというレッテルを貼られることも少なくない。

しかし、この葬儀は古くからの伝統と信仰に基づいた立派な文化であり、加えて、チベットの現状に即した方法でもある。

2006年には、チベット自治政府が、観光客による鳥葬の撮影や報道を禁止する「鳥葬管理暫行規定」を公布し、鳥葬師を特別な職業として保護することも決まった。

チベットでは、今後も鳥葬が伝統葬儀の1つとして続けられていくことだろう。

Vol.12 祭が終われば何もかも泥まみれ 宮古島の「パーントゥ」

宮古島の来訪神

かつては琉球王国として独自の文化を育んできた沖縄では、現在でも古の時代に根付いた伝統や祭礼が受け継がれているが、宮古島の**「パーントゥ」**もそのうちの1つである。

「パーントゥ」とは宮古島の方言で「化け物」や「妖怪」を意味する来訪神《らいほうしん》で、宮古島の島尻地区にある「生まれ井戸」(ンマリガー)から生まれたとされている。

この神は、島の秩序を乱す者に制裁を加える守護神的な存在だ。

パーントゥの信仰は今も受け継がれ、宮古島では守護神にちなんだ祭「パーントゥプナハ」が、年に3回(旧暦3月末～4月初旬、旧暦5月末～6月初旬、旧暦9月初旬)も行われている。

そして、パーントゥが現れると、なぜか**子どもたちは泣きながら逃げ惑う**ことになるのである。

泥を塗りたくる神

実際に来訪神・パーントゥが祭に登場するのは、旧暦9月初旬に行われる年間で最後の祭。このときパーントゥに扮するのは、島尻集落から選ばれた3人の若者だ。彼らは祭礼前にンマリガーへ行き、ツル草で作った衣裳と泥で全身を覆い、パーントゥへと「変身」する。

沖縄県の宮古島で行われる「パーントゥ」。不気味な仮面と泥を全身にまとった若者が、パーントゥに「変身」する（写真引用元：「宮古島東急リゾートスタッフブログ【http://tokyuhotels-blog.com/miyakojima-r/cat40/】」）

そんな彼らが拝所で祈願を済ませると、いよいよ祭の始まりだ。

祭において、パーントゥは集落を回って厄払いをするのだが、その方法はなんと**体中の泥を人や物に塗りつける**というもの。

しかも、泥はンマリガーの底に長年溜まっているものなので、猛烈に臭いという。

この泥には神秘の力が宿っていて、生き物や新築の家屋に塗ると厄除けと無病息災の効果をもたらすと言われているが、それでも、においの強さと見た目の恐ろしさから、小さい子など

パーントゥでは、誰かれ構わず泥を塗る「標的」となり、観光客や警察官でさえも、例外ではない（写真引用元：「宮古島東急リゾートスタッフブログ【http://tokyuhotels-blog.com/miyakojima-r/cat40/】」）

は本気で逃げまわる。

一方、パーントゥはそれを全力で追いかけ、泥を塗りたくるのである。

もちろん、大人に対しても容赦はしない。宴会を見つければ酒を飲ませてもらって泥を塗りつけ、新築の家を見つければ住人や家そのものまで泥まみれにして去っていく。

家に土足で上がりこまれたうえ、落ちにくい泥をまき散らされるので、パーントゥが訪れた家屋の家族は、嬉しいような困ったような複雑な気持ちになるという。

また、通りすがりの観光客や自動車にもパーントゥは容赦なく襲いかかる。

さらには**警察官やパトカーであっても神の泥からは逃れられず**、祭の間の集落では、パーントゥと人々との鬼ごっこが夜まで続くことになるのである。

パーントゥは国の重要無形民俗文化財に指定されており、泥まみれになることを覚悟のうえなら、観光客でも見物することができる。

とはいえ、祭のすべてを堪能できるわけではない。

祭の間、島民以外はンマリガーに近づくことが許されていないので、若者がパーントゥに変身する様子を見ることはできず、また、一時期は祭の撮影も禁止されていた。

観光客は見られない祭

そして、南西諸島で行われる祭の中には、一部どころか祭そのものを見物できない秘祭も存在する。

西表《いりおもて》島など、八重山諸島の一部で行われている**「アカマタ・クロマタ」**は、島の豊年祭に応じて仮面の神が家々をまわる祭事だが、この祭はパーントゥと違い、始まりから終わりに至るまでのほぼすべてが非公開になっている。

中でも、**神の姿を島民以外が見ることは最大のタブー**とされており、また、島民であっても、神を写真撮影することはおろか、スケッチやメモも禁止。偶像を作ることさえ許されていない。

このため、アカマタ・クロマタの開催時には神が人の目に触れないように警護役が人の壁を作るなど、集落にはどこかピリピリとした空気が漂う。

それでも、なんとか神を見ようとする不届きな観光客もいるようで、祭の最中に島民と観光客の間でケンカになり、怪我人が出てしまったこともあるという。

沖縄諸島各地の豊年祭などに登場する「ミルク様」。その表情は地域によってそれぞれ多少異なる

豊年祭の「ミルク様」

ところで、なぜ沖縄にはこうした特徴的な風習や祭が数多く存在するのだろうか。

その一因として、琉球王国の地理的要因が挙げられる。明治時代まで、琉球王国は日本や中国に加え、フィリピンなど東南アジアの国々とも交易を行っていた。そのため、これらの国からも、影響を色濃く受けているのだ。

例えば、沖縄諸島各地の豊年祭などには、**「ミルク様」**という名の来訪神が登場する。

この神様は、白い仮面をかぶった女性神であり、ミルク様の「ミルク」は仏教の「弥勒《みろく》菩薩」が訛ったものだと考えられている。

つまり、「ミルク様」の正体は、南方から伝来した弥勒信仰が沖縄文化と融合して生まれた弥勒菩薩の化身だとも言えるのである。

なお、沖縄へは18世紀前後に伝わったとされており、台湾やベトナムでも、似たような仮面神の祭礼が行われている。

多神教だった琉球王国

元来、沖縄周辺の島々は、日本本土と同じく多神教が発展した文化圏だった。

古代の日本人が高天原《たかまがはら》に住まう八百万の神々を信仰していた一方、沖縄では**「ニライカナイ」**（東方の海の遙か彼方にあるとされる異界）からやってくる来訪神たちを心の拠りどころとしていたのだ。

キリスト教やイスラム教といった一神教と違い、多神教の文化圏は、ほかの文明や宗教に対して許容的な部分が大きい。

そのため、沖縄でも日本と同じように、仏教や弥勒信仰が根付く土壌があったのだろう。

琉球王国は明治時代に消滅し、沖縄県として日本の一部になったが、王国時代に生まれた伝統や信仰は現在でもさまざまな形で受け継がれている。

泥まみれの神パーントゥ、島民に守護された秘密の神アカマタ・クロマタ、そして豊年祭のミルク様。

こうした一風変わった神々を祀る祭礼は、本土とは異なった伝統文化として、今後も沖縄に暮らす人々によって後世に伝えられていくことだろう。

Vol.13 その人そのものを表す文様を顔に彫るマオリ族の入れ墨「モコ」

日本における入れ墨文化

近年、日本でも、ファッションで「タトゥー」を入れる人が多く見られる。

しかし、それを快く思わない人も少なくなく、例えば、「タトゥー・入れ墨の方はお断り」といった規則を設けた入浴施設などもある。

ただ、かつては日本でも入れ墨は当たり前の風習で、歴史も古く、弥生時代にはすでに存在していた。邪馬台国のことを詳しく記した「魏志倭人伝」にも、その様子が書かれている。

その後、入れ墨はおもに刑罰として用いられるようになり、また、江戸時代には火消しや侠客《きょうかく》など、一部の人々が男意気を見せるため、体に思い思いの文様を施すこともあった。

ちなみに、厳密に言えば「入れ墨」とは罪人に入れられたものを指し、そうでない人のそれは「彫り物」と呼ばれて区別されていた。

マオリ族の特別な入れ墨「モコ」

一方、**目と口が文様で埋まってしまうくらい、顔一面に入れ墨を彫り**、異様な迫力を醸し出しているのが、ニュージーランドのマオリ族の人々だ。

彼らの入れ墨は、「タトゥー」ではなく**「モコ」**と呼ばれる。

顔に「モコ」を施したマオリ族の男性。現代でも、マオリ族にはこのようなモコを持つ人々が存在する（写真引用元：「先住民族シリーズ③ ニュージーランドのマオリ族」）

このモコには、「図柄が細かいほどその人は地位が高い」などの細かいルールがあり、昔は文様を見るだけで、出身の島や血筋、さらには、どんな仕事をしているかまで分かったという。

言い換えれば、マオリの人々は、顔に深く描かれたモコを互いに見合うことで、**その人の生き方そのものを読み取っていた**のである。

こうしたことから、「タトゥーは美しくなるための飾りだが、**モコはアイデンティティ**」だと言い切る彫り師もおり、実際、マオリ族の人々は、タトゥーとモコはまったく異なるものだと考えているという。

そんなモコの施術方法だが、かつては、人骨や動物の骨の先で肌を深く彫り、火薬を染料にしていたそうだが、現在では、キリに似た道具を使う。

手順は、まず下書きをし、キリで肌を多数刺した後、表皮の下の層に少しずつインクを入れていく。皮膚には、タトゥーのような細い筋ではなく、もはや「傷」と言っていいほどの跡が入る。

そこまで深く刻みつけるため、彫られる者は、相当な痛みと肉体的なダメージを受ける。特に、唇は皮膚が非常に薄いので、彫る際の痛みは想像を絶するものだという。

しかし、それさえも「出産の例もあるように、痛みは良いものをもたらす。**痛みをコントロールし、自分のものにすれば、素晴らしいものが得られる**」と、マオリ族の人々は考えるのだ。

一度は禁じられたモコ

ニュージーランドの先住民として文化の基礎を築いたと言われるマオリ族は、農耕と狩猟を主にして暮らし、モコを含む独特な文化や生活様式を守ってきた。

そんな彼らが初めて外部の世界と遭遇したのは1769年、イギリス人探検家、ジェームズ・クックらがニュージーランドに到着したときのことだった。

これを機に、続々と旅行者やゴールドラッシュを目指す人々、宣教師、冒険家たちなど、多くのヨーロッパ人がニュージーランドを訪れるようになった。

それからしばらくはイギリスとマオリ、２つの文化はなんとか調和を保ち共存してきたが、イギリス人にとってモコは、**醜く凶暴で挑発的な「悪しき習慣」**と捉えられ、1908年には、ついにイギリス政府により禁じられてしまう。

その後、表向きには、20世紀なかば頃までにモコという文化はすっかり失われてしまったかのように見えた。

だが、実はマオリ族の活動家などによって継続されており、2000年代に入ると、マオリ文化の「芸術」としてモコを肯定的に扱う動きが活発になった。

そして最近ではタトゥーの一般化も手伝い、脚光を浴びるようになってきており、モコの歴史や技術を勉強するイベントが開かれ、世界中から彫り師がそれを学びにくるほどだという。

アイヌ女性の顔の入れ墨

さて、ところ変わって、現在の日本とロシアにまたがる地域に暮らしていた北方先住民族のアイヌにも、マオリ族のように、顔に入れ墨を彫る文化があった。

口のまわりに入れ墨を施したアイヌの女性。この入れ墨の目的が何だったのかは、いまだにはっきりしていない

地域などで差異はあるが、おもに初潮を迎えた**女の子の口のまわりに、ヒゲのような入れ墨を彫っていた**のである。

これは、大人になり結婚が可能になったことを周囲に知らせる目的だったという説が最も有力だが、侵入する異民族に女性たちが襲われないために姿を醜く見せるための「保身目的」であったという説、さらには神聖な蛇の口を模したとする説などもあり、本当の意味はいまだに謎のままだ。

しかし結局、このアイヌの入れ墨の習慣もモコと同様、明治政府が北海道に設置した開拓使から**「野蛮である」などとみなされ、禁じられてしまった**。

モコの未来に対するジレンマ

マオリ族やアイヌの入れ墨については、民族性が背景にあり、彼らの誇りであると言っても過言ではないだろう。

そして、マオリ族の彫り師たちはモコという文化を後世まで伝えていきたいという思いはあるものの、同時に悩みもあるという。

それは、白人などの**マオリ族ではない彫り師がモコを学び、モコに似たようなデザインの入れ墨を彫るようになった**ことだ。

すでに述べた通り、マオリ族のモコは単に体を彩るためのタトゥーではないのだが、他民族がその意味を完全に理解することは容易ではないだろう。

そのため、こうした状況を、マオリ族の彫り師たちはあまり良く思っていないようだ。

ただその一方で、マオリ族でない彫り師たちが世界中でモコ（に似たタトゥー）を彫ることは、ある意味でモコを未来に残し、また、グローバル化させているとも言える。

伝統は絶やしたくないが、本来の意味をないがしろにした形だけのモコが世界に広まり、伝わっていくのも悲しい——マオリ族の彫り師たちは今、そのようなジレンマを抱えているのである。

Vol.14 「カルト」「邪教」などのイメージは本当か？ 「ブードゥー教」という宗教の素顔

不気味な印象がつきまとう

謎めいた神官たちが秘密の神殿の中に集まり、黒魔術のような儀式を行い、時には死者をゾンビとして蘇生させる——多くの日本人が、**「ブードゥー教」**と聞いて頭に思い浮かべるのは、そんな不気味なイメージではないだろうか。

実際、ブードゥー教には今でも**生贄の儀式**があり、このように言うとますます恐ろしく思われるかもしれないが、捧げる生贄は人間ではなく動物で、儀式の内容も民族的な太鼓の演奏に合わせて歌い踊るというもので、特段怪しくはない。

その目的はおもに神へ日々の感謝を示すというもので、病気の治癒や願望成就を祈るためである場合も多い。

結論から言えば、ブードゥー教という宗教は、**特に恐ろしいものではない**のだ。

にもかかわらず、ブードゥー教を「邪教」や「カルト」だと考えて恐がる人が多いのはなぜなのだろうか。

どんな宗教なのか

ハイチにおいて、「ブードゥー教」の儀式を行っている様子。果たしてブードゥー教とは、どのような宗教なのか（©Doron and licensed for reuse under this Creative Commons Licence）

ブードゥー教が最も盛んな国は、中米のハイチ共和国である。「ブードゥー」とは、アフリカの神や精霊を表す「ブードゥン」が変化したものだと言われており、教徒もアフリカ人を祖先とする黒人たちが多い。

ブードゥー教は「宗教」という見方をされてはいるが、他の宗教とは決定的に違う点がある。それが、**共通の最高神も、教義も、聖典も存在しない**ところだ。

つまり、同じブードゥー教だからといって、同じ神様を崇拝しているわけでもなく、また、キリスト教の「聖書」や、イスラム教の「コーラン」のような聖典も存在しないのである。

「マウ・リサ」という創造神や上位神が一応は存在するものの、これらの神は人間界に関わりを持たないとされているので、直接信仰されることはめったにない。

大抵は、火の神や雷の神など400以上の神々や精霊（ロア）が、それらを崇拝する教徒によって祀られている。また、祖先の霊も信仰の対象となるので、**ブードゥー教の教徒集団は無数に存在する**と言ってもよい。

さらに、教義や儀礼は各集団によってそれぞれ異なり、同一の方法で儀式が行われることはほとんどない。

前述した生贄の儀式も、多くの地域で行われてはいるものの、やり方は集団によって異なり、まったく同じものはないとされている。

加えて、これら**無数のブードゥー教集団を管理統括する組織も存在しない**。

すなわち、ブードゥー教は単一宗教というよりも**「民間信仰の集合体」**に近いものなのだ。

ブードゥー教の歴史

ブードゥー教の発祥の地はダホメ王国（現在のベナン共和国）だとされているが、現在のアフリカでは、教徒が存在するのは西アフリカの一部のみで、それ以外はあまり盛んではない。

その背景には、16世紀前後に始まった、ヨーロッパ人による奴隷貿易がある。

この奴隷貿易により、多くのアフリカ人が奴隷として各地に連れ去られたが、行き先の

1つに、現在のハイチがあった。

ヨーロッパ人たちは、黒人たちに過酷な労働を強いるだけでなく、地元宗教の信仰も禁止し、キリスト教を押しつけた。故郷の宗教を奪うことで奴隷の団結を防ぎ、暴動や反乱を抑止しようと考えたのだ。

だが、黒人たちは自らの信仰を捨てなかった。彼らはキリスト教に改宗したふりをしながら、聖人画を自分の神に見立てて祈り、伝統の歌や踊りを賛美歌に偽装し、森などで儀式を隠れて行い、故郷の信仰を守り続けたのだ。

現在のベナン共和国ではブードゥー教（ブードゥン）が国教とされているが、その信者は国民の約18%程度である。写真は、ベナンに建つブードゥー教の教会（©Tonio94 licensed for reuse under this Creative Commons Licence）

ちなみに、1804年に起きたハイチ革命でも、黒人の中心となったのは、伝統信仰を司る神官たちだった。

こうした時代の流れを経て、ブードゥー教と呼ばれるものが誕生したのである。

ただし、その正確な時期は定かではなく、時間をかけてさまざまな信仰の統廃合を繰り返していくうちにできたと考えられている。

そして興味深いことに、ブードゥー教には**キリスト教の教えまでもが含まれている**という。

ブードゥー教の「人間は誰もが生まれながらにして罪人」という思想はキリスト教の「原罪」そのものであり、罪は神への祈りによって許されることも教会の教えと酷似している。

このことは、納得のいく教えは積極的に取り入れるというブードゥー教の懐の深さを端的に表していると言えるだろう。

「カルト」とみなされる理由

そんなブードゥー教は、冒頭にも記した通り、外国人や異教徒からは恐ろしい宗教だと見られることも多いのだが、その主要な理由としては、**秘密組織**の存在が挙げられるだろう。異国の地に連れてこられた黒人奴隷たちは、前述のように白人に隠れてさまざまな儀式を行っていた。

そうした流れの中で、多数の秘密組織が結成され、弾圧を避けるべく、ブードゥー教の秘密は厳守されてきた。

中でも、ハイチ独立前に存在した逃亡奴隷の組織「マルーン」は、黒人からも恐れられた組織であり、集会に迷い込んだ部外者が、**墓場の神への人身御供にされた**という逸話が残っているほどだ。

こうした秘密組織の存在が、「ブードゥー教＝恐い」という図式に拍車をかけていることは想像にかたくない。

とはいえ、マルーンの人身御供の話にしても、単なる噂に過ぎず、とかくブードゥー教は不気味だというイメージがひとり歩きしがちなのだ。

ちなみに、近年はブードゥー教の秘密組織に属する人々がハイチの有力者となっているケースも多く、「ハイチの独裁者」ことデュバリエ元大統領は、この状況を利用し、ブードゥー教を礼賛することで自身の権力基盤を固めた。

現在、ブードゥー教はハイチ以外に、アメリカのニューオリンズなどで現地のキリスト教と共存しながら信仰を集めているが、やはり色メガネで見られることも多いようだ。

しかしながら、ブードゥー教を信仰する人々は、アフリカから強制的に連れてこられた祖先たちから受け継いだものを今なお守り続けているだけなのだ。

したがって、少々秘密めいていたり儀式の内容が理解できないからといって、ただちにブードゥー教を「邪教」「カルト」などと決めつけてしまうのは理知的な態度とは言えないのである。

「呪物」と呼ばれる、ブードゥー教の儀式に用いられる人形類。これらは基本的に幸運を呼び込んだり邪悪なものを遠ざけるために使われるが、見た目が異様であるため、こうした「ブードゥー人形」もまた、ブードゥー教をカルトとみなす一因となっている
(©Doron licensed for reuse under this Creative Commons Licence)

Vol.15 「口寄せ」で死者を呼び寄せる？ 東北地方のシャーマン・イタコの仕事

現代のシャーマン

神や自然界の精霊などと交信する力を持つとされる祈祷師で、古代においては政治や社会に絶大なる影響力を持っていたのが、**「シャーマン」**と呼ばれる人々だ。

邪馬台国の女王・卑弥呼も、シャーマンだったのではないかという説もある。

そんなシャーマンは、さすがに現代の日本には存在しないようにも思えるが、実は、その「後継者」と呼べる人々がいる。

それが、あの有名な**「イタコ」**である。

イタコは東北地方の巫《かんなぎ》（神の意思を一般人に伝える人）の一種で、イタコという名称は、「巫女《みこ》」が訛ってできたものという説が有力である。

おもに盲目、あるいは弱視の女性が厳しい修行の果てにイタコになるというケースがほとんどだが、時には男性がイタコになることもあるようだ。

イタコが有名な理由は、なんと言っても**「口寄せ」**を行うためであろう。

これは、死者の魂を自らの体に降ろし、生きている人に対して死者の言葉を伝えるというもので、多くの人が知っている儀式だ。

とはいえ、イタコの仕事は口寄せだけではなく、その役割は多岐にわたる。

「神降ろし」によって神の言葉を伝えたり、安全祈願や厄除けを行い、また、吉兆占いや人生相談を受け持つ「心理カウンセラー」のような一面もあるのだ。

「現代のシャーマン」とも呼ばれるイタコが、恐山で「口寄せ」を行っている様子（写真提供：時事通信フォト）

恐山大祭

有名なイタコの口寄せだが、実際に行われる回数は多くない。

イタコが口寄せを引き受けるのは年に数回で、基本的に、心霊スポットとしても名高い青森県下北半島の**恐《おそれ》山《ざん》**で行われる。

恐山の歴史は古く、862年に天台宗の僧侶・慈覚《じかく》大師が開山し、恐居山《おそれいるやま》金剛念寺を建立した。

恐山では毎年7月20～24日の期間に「恐山大祭」が開かれる。写真は恐山に建つ曹洞宗菩提寺の山門（©Mukasora and licensed for reuse under this Creative Commons Licence）

それからは天台宗の道場として使用されていたが、いったん衰退した後、聚覚《じゅかく》という僧が寺の名を菩提《ぼだい》寺に改称し、曹洞宗に改宗すると、再び栄え始めた。

そして現在では、恐山の霊場一帯は高野山や比叡山などと並び、「日本三大霊場」に数えられるほどだ。

一般人相手にイタコが口寄せを行う様子を最もよく見られるのが、この恐山で行われる**「恐山大祭」**の開催時である。

毎年7月20～24日の祭の期間中、イタコたちは境内や小屋、テントの中で、参拝客の依頼に沿った人物をあの世から呼び寄せる。

口寄せがうまくいかないこともあるが、イタコは、人の悲しみや苦しみを癒すエキスパートでもある。

そのため、たとえ口寄せ自体が失敗したとしても、イタコと話した依頼者の多くは、すっきりとした気持ちで帰っていくという。

なお、恐山で口寄せを行う理由は、この地が人の霊魂が死後に行き着く場として信じられており、死者を呼び寄せるのに最適の場所であるためである。

イタコと神事

イタコは巫女でもあるため、当然ながら神事も執り行う。

イタコが関わる神事の中でも、特に有名なものが**「オシラサマ」**である。

オシラサマは農業と養蚕を司り、東北地方を中心に信仰を集めている神様であり、現在でもオシラサマを敬う家庭は数多い。

そんなオシラサマは遊びが大好きで、たくさん遊んでもらえば、家庭や地域に恩恵がもたらされるとされていた。

そのため行われているのが**「オシラアソバセ」**というものであり、この儀式において、イタコは非常に重要な役割を担う。

というのも、オシラアソバセではイタコが2体のオシラサマの御神体を手に持ち、舞を踊る（遊ぶ）ことで、オシラサマの機嫌を伺うのである。

昔はこの神事が各家庭でも見られたが、現在ではお寺などを中心に行われる。

ちなみに、青森県弘前市の久渡寺《くどじ》で毎年5月に行われるオシラアソバセは有名で、国の無形民俗文化財にも指定されている。

祈祷を捧げる沖縄の「ユタ」。ユタはイタコとは違い、修業を経てなるものではなく、運命で選ばれる

沖縄の「ユタ」

ところで、実は、口寄せなどの降霊術はイタコだけの専売特許ではない。

沖縄県の**「ユタ」**と呼ばれる人々も、神や死者との交信を行うことができる「現代のシャーマン」なのである。

ユタもそのほとんどは女性だが、ユタとイタコには決定的な相違点が2つある。

1つ目は、ユタは修行を経てなるものではなく、**運命で選ばれる**ということだ。

ユタの素質があると、ある日突然精神が不安定になり、さまざまな奇行に走ってしまうようになる。

この期間は「カミダーリ」と呼ばれ、これを乗り越えることで、神がかり的な能力が身につき、ユタの才能が開花するという。

このように、ユタになる運命を背負った者を、沖縄では**「サーダカウマリ」**と呼んでいる。

2つ目は、ユタは恐山大祭のような大きな祭には参加せず、基本的に狭い範囲でのみ活動するという点だ。

そんなユタは、現在でも沖縄の各所で頼りにされる存在で、船や飛行機の安全祈願、家庭円満祈願、また、受験の合格祈願なども行うのである。

イタコの後継者不足

相違点もあるイタコとユタだが、共通する問題がある。それが、**深刻な後継者不足**だ。とりわけ、イタコの場合はユタのように運命で決まるわけではない。そのため、「修行に耐えてでもイタコになりたい」という人がいなければ、当然数は少なくなる。

それでも戦後の混乱期などには、目の不自由な女性が「就職先」としてイタコを選ぶケースも多かった。

だが、社会が安定するにつれ、志願者が急速に減っていったのだ。

そして一時は、**最年少のイタコが60歳以上**という状況に陥り、存続の危機さえ囁かれた頃もあった。

今では多少盛り返し、若いイタコの姿も見られるようになっているが、修行の厳しさに脱落してしまうケースも多々あり、まだまだ状況が改善されたとは言えないのである。

Vol.16 「蛋民」「家船」「ハウスボート」……水上に暮らす人々の生活事情

中国の「蛋民」

中国東海沿岸を中心とする地域には、**船を住まいとして一生を送る**漁民が存在する。彼らは**「蛋民《たんみん》」**と呼ばれるが、「生活に困り、住居対策として一時的に船を住み家とする」という人は蛋民には属さない。

陸上に土地や建物を持たず、船に家財道具を積んで家族と生活し、その船で漁業など水上の労働に従事する――こうした条件がすべて揃った人々が蛋民なのである。

蛋民の起源は、「非漢民族の少数集団」「反乱者の子孫」「百越人の子孫」など、さまざまな説が飛び交うが、これらの説のどれも決め手に欠け、明確には分かっていない。

というのも、蛋民は水上生活ゆえ、通常の教育を受けることができない環境にあり、文字も持たず、言葉だけで歴史を代々伝えてきた。そのため、詳しい記録が残っていないのだ。

こうした背景から、彼らの歴史が**「差別」と深く関わっている**と考える研究者も多い。

現在では、「蛋民」という言葉自体を知らない中国人も多いという。これは、蛋民が差別用語として避けられているためで、代わりに「水上層民」という言葉が用いられている。

中国福建省福州における蛋民の住まい（写真は 1927 年のもの）

蛋民に対する差別

清代の文献には、蛋民について**「丘に上がらせず、陸上で家を持たせず、陸上の職に就かせない」**とある。

つまり蛋民は、陸上に暮らす人々から被差別民として扱われていたことが分かる。

そして1912年、中華民国建国の際、「蛋民開放令」が出され、彼らには陸上生活者と同等の人権が認められた。

とはいえ、これはあくまで表向きであり、実際には具体的な政策も取られず差別は残り、なんと1970年代まで、**蛋民は蛋民以外との結婚が制限されていた**という。

しかしその後、20世紀の後半には、蛋民が川辺の村に住宅を建てて暮らすよう経済的に支援を受けるなど、陸上生活へと移行する手助けがなされるようになった。

その結果、以前は広東省や福建省、香港、マカオの沿岸域などに約200万人もいたとされる蛋民だが、現在では激減し、水上生活者は「過去の存在」になりつつあるという。

日本の水上生活者たち

かつては日本にも、土地に定住せず海を漂泊して生活する水上生活者がいた。

彼らは**「家船《えぶね》」**と呼ばれ、おもに五島列島、平戸、対馬、大分、瀬戸内海を拠点として漁業を営んでいたという。

家船の起源については、豊臣秀吉が1588年に「海賊停止令」を出して水軍の解体を命じた際、それに従わなかった水夫《かこ》たちには漁業権が与えられず、その後彼らが家船になったという説がある。

彼ら家船は、中国の蛋民と同じく陸上生活者からは蔑まれていたようで、食事を共にしてもらえない、お祭りの宮座に入れてもらえない、あるいは結婚問題など、さまざまな差別を受けたようだ。

しかしその後、20世紀に入ると、漁業法の内容が変化したり、学校が義務教育化されるなど社会は大きく変わった。

これに伴い、家船の人々も陸上生活に移行し、姿を消したのである。

一方、昭和に入ると、日本各地に寄港する貨物船が大型化したため、艀《はしけ》と呼ばれる舟運（川を利用して荷物を運ぶこと）が盛んになった。

そのため、特に東京・横浜などには、**舟（艀）に一家で居住する水上生活者が現れるようになった。**

現在の東京都中央区勝どき１丁目にあたる場所で、1930年に開校した「東京水上尋常小学校」の第１回入学記念写真（写真引用元：「水上学校の昭和史—船で暮らす子どもたち」）

１９３０年には、水上生活を行う家族の子どものための**「東京水上尋常小学校」**も開校されるほどで、水上生活者の数がピークを迎えたのは、１９３５年頃のことである。

その後、戦争の激化と共に水上生活者の数は減少していったが、戦後は日本全体が困窮していたこともあり、１９６０年代くらいまでは、ちらほら見られたようだ。

ちなみに、芥川賞作家・宮本輝の小説「泥の河」では、昭和30年代の大阪・安治川（旧淀川）の河口に住む水上生活者と、彼らを取り巻く環境の悲惨さが書かれている。

ベトナムのハロン湾に浮かぶ水上生活者の住まい。家の中にはイケスがあり、観光客に魚介類を販売している（©Christophe Meneboeuf and licensed for reuse under this Creative Commons Licence）

ハロン湾の水上生活者たち

中国や日本のほかにも、水上で生活を営む文化は世界各国で見られ、その背景や理由もさまざまだ。

例えば、オランダの運河沿いには**「ハウスボート」**が多く見られる。

これは、もともと住宅難解消目的で生まれたものだが、アムステルダムにひしめくハウスボート群は、もはや「風物詩」の1つとなっている。

そして中には、なんと**観光客用のホテルとして用いられている**ものまであるのだ。

一方、ところ変わってベトナムでは近年、ハロン湾における水上生活者の村で問題が起きた。

ハロン湾は、首都ハノイから車で約3時間で行くことができるが、1994年には、ユネスコの世界遺産（自然遺産）にも登録された一大名所だ。

このハロン湾内には、多くの水上家屋群がある。

家屋の中には魚などを入れるイケスが作られており、住民たちは観光客に対して新鮮な魚介類を販売している。

また、ここで暮らす子どもたちは水上学校に通うが、休みの日には小さな手漕ぎの船でクルーズ船に近づき、観光客相手にフルーツやジュースなどを販売し、家計を助けている。

そんな「水上生活者の村見学」は、ハロン湾クルーズを予約すればスケジュールに必ず組み込まれるような定番の観光だった。

しかし、２０１２年9月1日、ハロン湾管理局が、すべてのハロン湾クルーズ船に対し、**水上生活者の村への立ち寄りを禁じる**通告を出した。

これは、いくつかの水上生活者の村が、魚介類を異常に高い値段で販売するなどしていたが、彼らを管理するのは容易ではないからだという。

その後、２０１４年にはベトナム政府が水上生活者に対して陸上で生活するよう促し始めたため、ハロン湾における水上生活者の数は半分ほどに減り、水上学校もなくなってしまっている。

Vol.17 地元の人々が奇習を自称する奇習 山形県上山市の「カセ鳥」

温泉街の名物祭

世の中には、「奇習」「奇祭」と呼ばれるものが多数あるが、それらは外部の人間が勝手にそう決めつけていることがほとんどで、地元民が自称していることは少ない。

ところが、東北地方には、地域住民自らが**奇習を自称**する祭が存在する。

その場所は山形県上山市《かみのやま》。街には「上山温泉（かみのやま温泉）」という温泉があり、山形県の湯野浜温泉、福島県の東山温泉と並んで、「奥羽三楽郷」に数えられることもある名湯だ。

上山温泉で行われる行事といえば、月岡神社に多くの菊が展示される10月中旬の「上山菊まつり」も有名だが、この項で取り上げる奇祭は、こちらではない。

毎年2月11日の建国記念の日に上山城で開かれる民俗行事**「カセ鳥（加勢鳥）」**。これこそが、奇習を自称する名物祭なのである。

冷水をかけられるカセ鳥

祭の当日、上山城には、大勢の男たち（女性が混ざることもある）が集まってくる。
彼らは皆、頭からワラをかぶり、「奇習カセ鳥」という文字が書かれた旗を掲げるという奇妙ないでたちをしているが、「ケンダイ」と呼ばれる、ワラのかぶりものをつけたこの男たちこそが、祭の主役たる**「カセ鳥様」**なのだ。

山形県上山市で、毎年建国記念の日に行われる「カセ鳥」。旗にもそう書かれているように「奇習」を自称している祭である（写真引用元：「奇妙な祭り―日本全国〈奇祭・珍祭〉四四選」）

カセ鳥という名は、商売繁盛の「稼ぎ鳥」や防火祈願の「火勢鳥」が変化したものだと言われ、実際、この祭は稼業の安定と火難除けを願うために毎年続けられている。

祭は、まず上山城で祈願式が行われ、それが終わるといよいよ開始となる。

「カッカッカーのカッカッカー、カッカッカーのカッカッカー。望《もーち》の年《とーし》の祝《いーわ》いは、カセ鳥、カセ鳥、お祝いだ」

太鼓と笛の音色に合わせ、このような独特の歌を口ずさみながら、カセ鳥は踊りだす。

そして、焚き火のまわりを囲み、片足でケンケンと

祭の最中には、写真のように見物客がカセ鳥に対して水を浴びせるが、真冬に行われる祭なので、カセ鳥に扮する人々は非常に寒い思いをする

飛び跳ねながらぐるぐる回るのだ。

祭の最中、最も驚くべきことは、踊っているカセ鳥たちに対し、**見物人が水を浴びせる**ことだ。

これは温水などではなく、水道などから汲んできた正真正銘の冷水である。

すでに述べた通り、カセ鳥は東北地方の山形県で2月に行われる祭である。当然ながら気温はとても低く、雪が降り積もっている年も多々ある。

しかも、カセ鳥に扮している人々は、ワラの下にサラシとズボン以外何も身につけていないため、冷水をかけられれば、尋常でなく体が冷える。

場合によっては、**ワラにつららができる**こともあるというから凄まじい。

カセ鳥に扮するのは誰？

上山城での踊りが終わると、カセ鳥たちは街の中へとやってくる。目指す場所は温泉街やJRかみのやま温泉駅など、市内の要所だ。

そして所定の場所へ到着すると、同行の神主が、メガホンを使ってこう叫ぶ。

「カセ鳥様のお出ましだぞ!」

この言葉を合図に、カセ鳥たちは上山城と同じように「カッカッカー!」と歌いながら踊りを披露するのだが、このときもまた、周囲の人々からバケツやひしゃくで冷水を大量に浴びせかけられることになる。

カセ鳥たちがこのようにあちこちで水をかけられるのは、祭の目的の1つとして、火難除けがあるからだ。つまり、火勢鳥という「火の鳥」に水をかけることが、火事が起こらないための祈願となっているのである。

1つの場所で踊りが終わると、住人たちがカセ鳥たちに酒やご祝儀を渡し、頭に手ぬぐいをくくりつけて商売繁盛を願う。

そしてカセ鳥たちは、また次の場所でも同じように水をかけられながら歌と踊りを披露するのである。

そんな祭の流れなので、行事の後半にはケンダイが水を吸って重くなり、**体が冷え過ぎて指先の感覚がなくなる**カセ鳥も少なくないという。

このため、カセ鳥たちは行事の後に温泉で宴会を開き、冷えた体を癒やしながら、互いにその日の疲れをいたわり合うのだ。

なお、実はカセ鳥に扮しているのは、地元民以外の人も少なくない。

なぜなら、**カセ鳥の参加者は、地元民のみならず広く募集**されており、それゆえ、関東や九州から来て祭で踊る人もいるのである。

空白を経て復活したカセ鳥

カセ鳥は今から約350年以上も前、江戸時代初期の寛永年間（1624～1645年）に誕生した由緒ある行事である。

当初は、旧正月の15日に町人たちがワラをかぶり、「カッカッカー」と言いながら家々をまわるという風習だったという。

カセ鳥が訪れた家は、彼らに酒や小額のお金を与え、最後にはやはり頭から水をかけ、その年の無病息災と商売繁盛を祈願していた。

すなわち、初期のカセ鳥は沖縄の「パーントゥ」や「ミルク様」（78ページ～参照）などと同様、来訪神を迎え入れるための行事だったのである。

しかし、そんなカセ鳥も幕末になると次第に衰退し、明治時代中期には一度完全に廃れてしまっていた。

そんなカセ鳥が再現されたのは、実は、**昭和に入ってから**であり、1959（昭和34）

年のことだった。

当時の一部住人が、埋もれていた「カセ鳥」という風習を発掘し、温泉街を盛り上げるためにカセ鳥を再現してみたのだ。

その流れを受け、1986（昭和61）年には「カセ鳥保存会」が正式に結成され、ついに当時の伝統文化が形を変えて復活したのである。

江戸時代までは、上山以外にもカセ鳥に似たような風習が日本各地にあったとされるが、明治以降はその大半が失われてしまい、現在ではほとんど見られない。

そのため、保存会はカセ鳥という風習を守るだけでなく、普及活動にも勤しんでいる。

上山温泉街を練り歩くカセ鳥。近年では、上山市以外の近郊区域にカセ鳥が「出張」することもある

例えば、祭の当日以外には**「出前カセ鳥」**として、上山市以外の近郊区域にも出張し、また、保存会が結成した創作和太鼓チーム「上山火勢太鼓」も、出演依頼が多いそうだ。

こうして、いったんは歴史が途切れたカセ鳥だったが、保存会など地元の人々の尽力もあり、現在ではすっかり上山市を代表する「奇習」としてお馴染みとなったのである。

Vol.18 死者を弔うための死後結婚 世界各国の「冥婚」事情

「死後結婚」という風習

「冥婚《めいこん》」という言葉をご存知だろうか。「冥」は「冥府」（あの世）を指し、「婚」は「結婚」のことを指す。

つまり、冥婚とは**「死後結婚」**のことだ。

これは、婚約以後の男女どちらかが結婚前に亡くなってしまった場合でも結婚する、あるいは、婚約もしないまま亡くなった子どもについて親が形だけでも結婚させるという風習で、「幽婚《ゆうこん》」「鬼婚《きこん》」「陰婚《いんこん》」などの別称もある。

何やら怪談のようにも思える風習だが、実は冥婚の歴史は長く、西暦208年、三国志で有名な曹操《そうそう》の息子・曹冲が13歳でこの世を去った際、冥婚が行われたことが記録に残っている。

そして現在でも、世界中で冥婚やそれに近いものは見られ、その理由や目的は、場所場所で微妙に異なる。

例えば、フランスでは冥婚が19世紀初頭から行われており、なんと現在でも**合法**だ。

フランスの民法171条には、「生前に結婚に必要な法的手続き、およびお互いの間で結婚をするという確約があったことが証明できるのならば、首相の許可のうえ、死者との結婚を許可する」と定められているのである。

交通事故死した婚約者との結婚式を挙げるフランス人女性。フランスでは、要件を満たせばこうした「冥婚」が法的にも認められる（画像引用元：「The Guardian【http://www.guardian.co.uk/】」2009年11月17日記事）

財産の相続は認められていないものの、死亡した男性の姓を名乗ることができ、また、子どもがいる場合は男性の子として認知される。

ただ、さすがに死者との結婚を望む人はそうそういないようで、この制度を適用しようとするケースは稀であるようだ。

最近では、アフガニスタンで死亡したフランス軍人の婚約者が、当時のサルコジ大統領に対して冥婚を直訴する文書を提出し、認められたなどの事例がある。

日本にもある冥婚

ところ変わって、**日本でも東北地方を中心に冥婚の**

山形県天童市の若松寺に飾られた「ムカサリ絵馬」の数々（写真引用元：「死者の結婚―祖先崇拝とシャーマニズム」）

風習が残っているが、その内容はフランスとはまるで違う。

伴侶を得ることなく他界した人の遺族が、「あの世で結婚式を挙げられるように」と、人形や結婚式の様子を描いた絵馬を奉納するというもので、死者へ対する弔いの一環という位置づけなのである。

特に、山形県の**「ムカサリ絵馬」**は有名で、これは、専門の絵師が絵馬に婚礼衣装をまとったカップル（死者とその相手）を並べて描くというものだ。絵馬には、亡くなった人物の名前と享年なども記される。

なお、ムカサリ絵馬には、死者の「結婚相手」として、実在の人物を描くことはタブーなのだという。

なぜなら、生きている人を描いてしまうと、**その相手も一緒にあの世に連れていかれる**という伝説や怪談が残っているからだ。

冥婚が盛んな中国

冥婚が現在でも大きな意味を持ち、多くの地域で実践されているのが中国である。

その形式はいくつかあり、例えば、「娶鬼妻《チュイクイチー》」というものがあるが、これは、婚約したにもかかわらず結婚前に女性が亡くなった場合、男性が「幽霊になった妻を娶《めと》る」というものだ。

結婚式を挙げた後、男性は再婚できるが、正妻は死んだ女性。再婚相手は「第二夫人」の扱いとなる。

続いて、「抱主成親《パオチウーチョンチヌ》」。これは、婚約していた男性が亡くなり、女性が死んだ男性と結婚する場合をいう。女性は男性の位牌と結婚し、一生再婚せず未亡人として生きるのが普通である。

また、「結陰親《チェイヌチヌ》」という形式もある。これは、亡くなった未婚の男女を結婚させるというもので、結婚式の後、**2人のお墓を掘り起こして一緒に埋葬**する。

というのも、中国では女性は嫁いだ先で弔ってもらうのが一般的なので、未婚の女性は生家で弔うことができないと考える家庭が多い。

そこで、やはりすでに亡くなっている男性と冥婚させ、嫁ぎ先で位牌を作ってもらい、「里帰り」として生家に連れ帰って供養するのだという。

結陰親は、死後結婚というより、ある種の回りくどい「手続き」にも思えるが、中国には、冥婚の葬儀が無事に終われば一族が繁栄するという言い伝えもあるため、盛んに行われているようだ。

中国が抱える冥婚関連の問題

ところが、この風習と現代の事情が絡み、中国では**遺体が商品として高値で取引**されるという信じがたい状況に陥っている。

まず、中国ではもともと土葬が一般的だったが、共産党による遺体崇拝の反対、および墓地の確保の問題により、火葬が推奨されるようになった。

火葬が増えれば、当然ながら冥婚用の遺体は不足する。そんな中、亡くなった男性の遺族たちが一方的に女性の遺体を求めるケースが増えてきた。

結果、冥婚用の死体を調達する業者が登場し、彼らが何をするのかというと、**土葬された直後の女性の墓を掘り起こし、遺体を盗んでしまう**のである。

また、中国では人口増加を抑えるためのいわゆる「1人っ子政策」が採用され、1つの家庭に子どもは1人と定められている。したがって、2人目以降の子をもうけた場合には、多額の税金が課せられる。

ところが、農村部などでは男の子を重んじる風潮があるため、こうした地域では、男の子が生まれるまで秘密出産を続ける。

そして、生まれた男児を「第一子」にしてしまうのだ。

一方、それまでに生まれた女の子は戸籍がないままどこかに売られることもあるが、驚くべきことに、**冥婚のための遺体用に殺されてしまう**ケースもある。

２００８年の9月には、中国のギャングのメンバーが、**障害者や高齢者１００人以上を殺害**し逮捕されるという事件が起きた。

そしてこの遺体の一部は、冥婚に供するために売りさばかれていたという恐ろしい噂があるのだ。

その後、２０１０年にも、河北省のとある村において10件以上もの遺体盗難事件が発生している。

これについて地元警察は、**「このような遺体の取引は、実際はもっと行われている」**とコメントした。

このように、いくら死者の弔いと一族繁栄のためとはいえ、生きた人間を殺して冥婚に利用するというのは、あまりにも常軌を逸していると言わざるを得ないだろう。

第3章 思わず目を覆いたくなる驚愕の風習

ウガンダに立つ、「女性器切除」の禁止を訴える看板

FAMILY PLA

Vol.19 麻酔もなく少女の陰部を切除・封鎖 アフリカの「女性器切除」

麻酔なしの陰部切除

あどけない4、5歳の女の子が、「おもちゃを買ってあげる」と母親から言われ、喜んで出かけると、着いた場所は商店ではなく、ただのテント。

女の子は不審に思うが、時すでに遅し。

数名の女性に押さえつけられ、なんと**麻酔もしないまま、性器の先をカミソリで削ぎ落される――**。

一見、拷問にも思えるこの行為は、アフリカの一部地域を中心に現在でも根強く行われている**「女性器切除」**という風習である。

この風習が残る地域では、女の子は切除を受けていなければ、結婚できる一人前の女性として扱われないのだ。

恐ろし過ぎる手術

そんな女性器切除は、行われる手術の内容が地域によって異なり、大きく次のようなパターンに分けられる。

最も多いのは**「陰核（クリトリス）切除」**だ。これは陰核と下陰部を除去するものだが、**外側の生殖器全体が除去されるケースもある。**

続いては、陰核の包皮と先だけを切り落とすというもの。これは、女性器切除の中では比較的軽い手術だ。

そして、一番悲惨なのが**「陰部封鎖」**である。これは、**陰核と大陰唇と小陰唇を削ぎ落とした後、尿や生理の血が通るための小さな穴だけ木切れを入れて開けておき、外陰部の両側を膣の上で閉じてしまう**という凄まじい手術である。

この傷口を癒着させるため、切除から１週間は、女の子たちを腰から両足にかけて縛り、固

女性器切除を施された、東アフリカ・ソマリアの少女とその母親。このとき 10 歳の少女は、２年前にカミソリで陰部を切除されたという（写真引用元：「婦人公論 2010 年 7/22 日号記事【残酷な因習・偏見と闘う女たち】）

定したままの状態にしておく。その間、彼女たちは激痛に悩まされ、排尿さえままならないというから実にむごたらしい話だ。

切除は、最近でこそ病院などで行われるケースもあるが、西アフリカでは、いまだに木の下や小屋の床などで、助産婦が行っているという。

しかも、衛生面は軽んじられ、**麻酔はなく、切除の道具は簡易なナイフやカミソリ、止血のために泥や灰**などが用いられることが多い。

女性器切除は年々若年化が進んでおり、生後数日の赤ちゃんに行われている場合もある。対象者が4歳から15歳くらいである場合も、冒頭の例のように、切除手術だということを内緒にされて儀式に連れ出されることが多い。

そして当然、本人に**拒絶する自由は与えられていない**のである。

さて、すでに説明したように、女性器切除にも程度に差があるが、とりわけ陰部封鎖をされた女性にとって恐ろしい日が、本来は幸せいっぱいであるはずの「結婚初夜」だ。

なぜなら、封鎖した陰部を夫との**性交のために開かれてしまう**からである。

それを成し遂げることで、夫は性の喜びと自尊心を満足させるのだが、妻となった女性はたまったものではない。新婚夫婦が泊まるホテルでは、激痛に苦しむ女性たちの叫び声が轟くことも珍しくないという。

女性器切除の歴史と目的

このように、女性器切除は非常に恐ろしいものだが、一体なぜこんな習慣が誕生したのか。

男の赤ちゃんの場合、現在でも世界の多くの地域で割礼を行うが、これは基本的に「包茎手術」であり、衛生上の理由もある（ただし最近では男児の割礼についても反対運動はある）。

一方、女の子の性器の切除は衛生上の理由もなく、むしろリスクしか存在しない。

その始まりは、今から2000年以上前の古代エジプト末期時代までさかのぼり、ナイル川沿いに広まったとされるが、肝心の目的は謎だ。

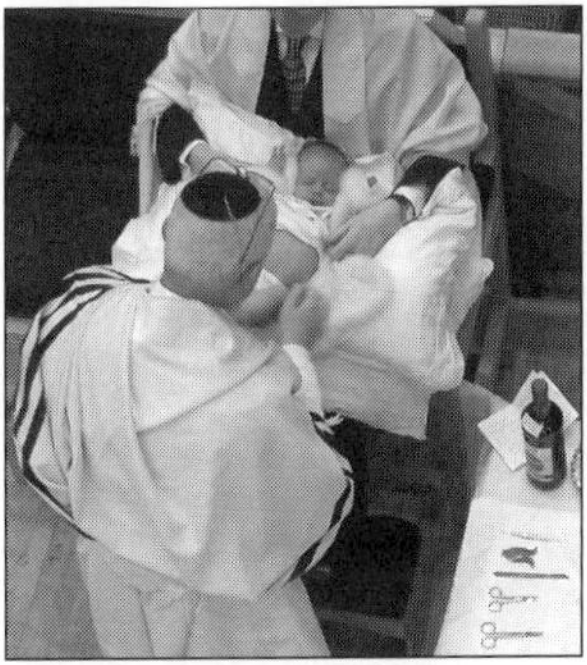

ユダヤ教徒による、男の子の赤ちゃんを対象とした儀式的割礼の様子。内容はいわゆる「包茎手術」である（©Cheskel Dovid and licensed for reuse under this Creative Commons Licence）

「宗教的な意義」と言う地域もあるが、聖書もイスラム教の経典「コーラン」も、女性器切除を命じてはいない。逆に、女体に傷をつけてはいけないとする**コーランに反する行為**である。

そのほか「女性はセックスにとり憑かれているからそれを抑制する」「女性をレイプから守るため」「女性の陰核は汚れた器官だから」など、多数の理由が挙げられるが、そこには、男性が女性に処女性を求め、性的に支配するという**「男**

尊女卑」の思考が見える。

実際、切除を受けていなければ、欠陥のある女性、または売春婦扱いされ、結婚できないのだ。

だが、切除の手術は概してずさんであるため、切除を受けた女性は感染症にかかるなど体を悪くし、結婚どころか**普通の社会生活さえできなくなる**ケースも多く報告されている。

こうした状況から、1975年に「FGM（女性器切除）廃絶キャンペーン」が始まり、その勢いは徐々に増していった。

そして、2000年代に入ってようやく、アフリカ各国でも法律で女性器切除を禁止する国が増えてきたのである。

女性器切除の現状と今後

最近では、デンマークに住むスーダン系の夫婦が娘に切除を施して逮捕されるなど、女性器切除を行った親などが処罰されるという事例も増えてきた。

しかし、女性器切除の根絶が順調に進んでいるのかというと、決してそんなことはない。

ユネスコによる2011年の統計によると、女性器切除が最も盛んなアフリカ北部から中部にかけては、いまだ15～49歳の女性の**約90％が切除を受けている**のだ。

また、アフリカでは「切除した女性しか妻に迎えない」という男性が現在なお多い。

さらに、ケニアの初代大統領であるジョモ・ケニヤッタ氏は、「FGMは重要な通過儀礼で、この廃止は部族のアイデンティティに関わる」と述べた。

つまり女性器切除は、支配欲や女性差別とは別に、地域内で秘密裏に遂行されることや、長い歴史のため「民族の誇り」あるいは「民族の存在価値」として定着してしまっているのだ。

ウガンダに立つ、女性器切除の禁止を訴える看板。いまだにアフリカの一部地域では、女性器切除が盛んに行われているのが現実だ（©Amnon s and licensed for reuse under this Creative Commons Licence）

しかも、切除の痛みを身をもって知っているはずの女性の中にも、実は**「賛成派」が少なくない**。

なぜなら、成人した女性が女性だけで気ままな時間を過ごすことを許され、料理や酒が振る舞われる唯一の機会が、女性器切除手術の際だからだ。

アフリカで少女の集団切除を仕掛けたリーダー格の女性は、ある取材に対し**「女性器切除がなかったら、私たちは何を楽しみに祝い、歌い踊ればいいのですか?」**と答えている。

このような状況から、女性器切除という恐ろしい風習がなくなるのは、まだまだ先だろうという見方をする学者・研究家も多いのが現実なのである。

Vol.20 人間が人間を食べ続けたらどうなる？フォレ族・ビアミ族の「食人習慣」

クールーの呪い

長く近代文明に染まらず、石器しか使わない暮らしを続けてきた、パプア・ニューギニアの高地に住むフォレ族。

1920年代頃から、このフォレ族の間で葬儀の際、死者を弔うため、次のような儀式が行われるようになった。

亡くなった者を一時埋葬し、2、3日したら、墓からもう一度遺体を掘り出す。そして、**その遺体の肉を骨から削ぎ落とし、バナナの葉に包んで焼き、食べる**のだ。

この儀式によって、「愛する近親者の肉体を食することでわが身に収め、死者の魂を慰めることができる」というのである。

ところが、この「食人儀式」が風習として定着し始めた1950年代頃から、フォレ族に異変が起こり始める。

食人儀式に出席した女性や子どもたちを中心とした人々が、次々と手足の震えを覚え、方向感覚を失い歩行が困難になったのだ。

さらに彼らは、話したり物を噛んだりすることもできなくなり、最終的には、**無残な死を遂げてしまう**。時には、儀式に参加した20人のうち15人が死ぬこともあったとされる。

そしてフォレ族の人々は、現地語で「震える」の意味を持つ「クールー」という言葉を用い、これらの怪奇現象を**「クールーの呪い」**と名付けたのである。

原因は人肉食習慣

「クールー」を罹患したフォレ族の女性（写真引用元：「震える山―クールー、食人、狂牛病」）

フォレ族は、このクールーの呪いにより、**毎年200人以上の死者を出した**という。

このような状況の中、人々は、次は我が身かと死の恐怖におびえながらも食人儀式は続けられていた。

そして1957年、アメリカの医師であるガジュセック博士という人物が、現地調査のためフォレ族の村を訪れた。

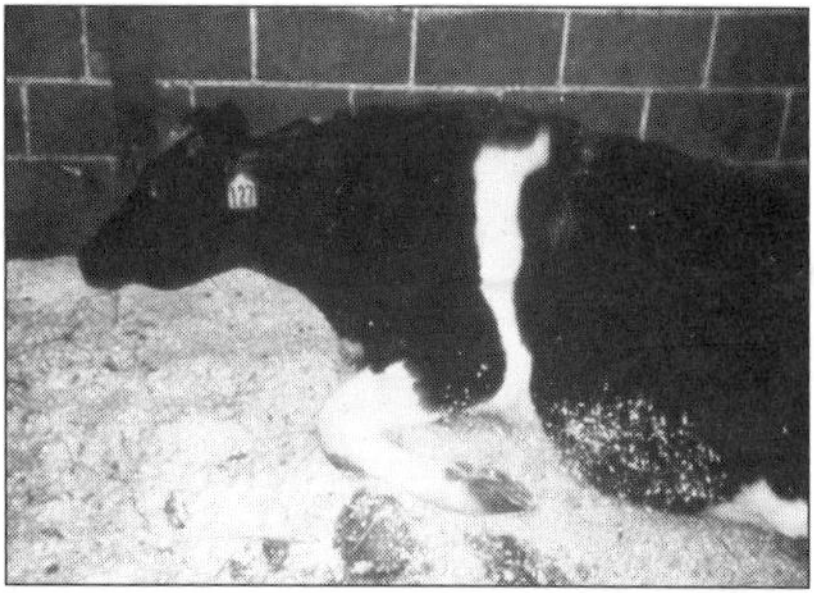
牛海綿状脳症（狂牛病）を発症し、立てなくなった牛。その名の通り、脳が海綿（スポンジ）状になってしまう病気で、クールー患者も狂牛病の牛同様、脳がスカスカになってしまっていた

この際、博士が老女を数人診察したところ、後に「プリオン」と名付けられる異常タンパク質が認められ、**彼女たちの脳はスポンジのようにスカスカになっていた**という。

２０００年代初頭に日本でも大騒ぎになった「牛海綿状脳症」――通称**「狂牛病」**騒動を覚えている人は多いだろう。

狂牛病は、牛の餌として同種である牛の肉骨粉を与えていたことが原因だった。

実は、クールーの呪いもこれと同じメカニズムで、**人間が人肉を食べるという「同種食い」が大きな原因**だったのである。

人肉は貴重なタンパク源

フォレ族にカニバリズム（食人風習）が定着した背景には、すでに述べたような呪術的な思想もあったと言われている。

しかし実のところ、最大の目的は飢えをしのぐため、あるいは貴重なタンパク質の摂取のためだったようだ。

農耕を主としているフォレ族の主食は、ジャガイモ。狩猟で肉も得るが、彼らの社会は男尊女卑的であるため、成人男性に肉が優先的に配られ、女性や子どもの口に入ることはほとんどない。

こうした状況下で、女性や子どもは植物やカエル、昆虫などからタンパク質を補ってはいたものの、しばしば深刻な栄養失調状態に陥っていた。

また、食人を行う葬儀の際でも、やはり優先的に肉の部分を食べられるのは成人男性で、女性や子どもへ配分されるのは脳や内臓が中心だった。

だが、脳をスカスカにしてしまう**原因の異常タンパク質が多く含まれる部位は、ほかならぬ脳や内臓**なのだ。

実際、クールーの発症率の内訳は、80％が成人女性、18％が子どもで、成人男性が2％となっている。

すなわち、同じ食人でも食べる部位で大きく明暗が分かれたのである。

そして、クールーの原因解明をきっかけに、1950年代の終わりにはフォレ族の食人儀式が禁止される運びとなった。

ただ、クールーが発症するまでの潜伏期間は最短で5年、**最長で50年以上**という幅の広さがある。

このため、儀式が禁止となった後もしばらくは発症者が後を絶たず、1957〜2002年までの累計で、**死者はなんと約2500人**を数えたという。

いまだ残る食人文化

こうしてフォレ族の食人儀式はなくなったものの、パプア・ニューギニアでは、少数ながら**いまだに食人を続けている人々が存在する**ようだ。

2012年7月、パプア・ニューギニア北部のタンギ地区で29名の人々が逮捕されている。これは、犯人グループが**7名を殺害し、さらにその遺体を食べた**ためだ。

犯人グループが襲ったのは、村の住民に呪いをかけ、病気を蔓延させると脅し、法外な金銭を要求していた呪術医たちだった。

この事件が起きた周辺の地域では、現在なお1000人弱の住民たちの間で食人信仰が根付いており、村の平穏を乱す者（魔術師）の**脳を生のまま食べ、臓器を煮たスープを飲めば、超人になれる**と信じられているという。

このほか、同じくパプア・ニューギニアに暮らすビアミ族という民族の間でも、食人文化が残っている。

彼らはフォレ族と違い、病死した人の肉は食べず、また、呪術信仰が目的であるため、飢えによる食人もしたことがないと主張する。

では、誰を食べるのかというと、**部族内の争いで殺した相手**という場合が多いという。

2011年6月には、ナショナルジオグラフィックチャンネルの「食人種の真実：カニバリズム」という番組で、探検家のピアーズ・ギボン氏らが、ビアミ族の集落を訪れた。

あまりにも自然に「人を食べる」という文化を持つ人々に触れたギボン氏は、以下のような複雑なコメントを残している。

ビアミ族の戦士のいでたち（写真引用元：「さらば文明人―ニューギニア食人種紀行」）

「ここで数週間過ごすうちに、カニバリズム（食人）がだんだん普通のことのように思えてきた。もし私がここで生まれ育っていたら、彼らと同じように人の肉を食べたと思う」

このように、「食人＝タブー」という、現代人が当然のように抱く感覚が通用しない地域が、世界の一部には現在なお残っているのである。

ただし、生物的にも医学的にも、食材としての人肉は超がつくほどハイリスクなのは、本項ですでに述べた通りだ。

Vol.21

イスラム社会の鉄の掟「シャリーア」とは？ 不倫や婚前交渉が命懸けの国々

不倫で死刑になる国々

2012年7月､西アフリカのマリ北部で､男女が**「石打ちの刑」**にかけられ､処刑された。

石打ちの刑とは、動きを封じるために受刑者を胸まで地中に埋め、**民兵たちが死ぬまで石を投げつける**という、残酷きわまりない死刑法である。

このカップルも、**後ろ手に縛られたうえ、地面に掘った2つの穴の中にそれぞれ入れられ、石を投げられて死亡**した。

しかも、約150人の村人の前で刑が執行される**「公開処刑」**だ。

2人の罪状は、結婚していながら別の相手と肉体関係を持ったこと。いわゆる、**「不倫」**である。

日本においては、不倫が発覚すれば当人同士で大揉めになったり、あるいは離婚訴訟に発展する可能性などは大いに考えられる。

ただし、不倫だけでは刑事罰を受けることはない。まして、死刑など論外だ。

そんな日本人的な感覚からすれば、不倫が理由で、しかもこれほどの苦痛を伴う方法で死刑が執行されるという事実は、信じられないことかもしれない。

しかし、イスラム教下の国や地域では、今でも不倫は「姦通罪」（Zina）として重罪扱いされており、厳罰に処せられるのだ。

アフガニスタンで、妻（写真中央）の不倫を疑った夫が自らの手で妻を公開処刑（射殺）しようとしている様子（写真提供：AFP＝時事）

神が定めた掟は絶対

不倫で死刑に処される根拠は、イスラム教に基づく法体系**「イスラム法」（シャリーア）**で姦通が禁じられているためだ。

イスラム教徒にとってシャリーアは、「人間が決めた法律とは違い、神が定めた絶対の掟」であり、それを破ったということは神に背いたも同然だ。

そのため、どんな罰を受けても仕方がないという価値観がまかり通っている。

すなわち、シャリーアは単なる「宗教的な教え」

アフガニスタンの女性たち。男性優位と言われるイスラム社会において、彼女たちは性の問題に関して不利な立場に立たされがちである

を超えて、教徒の日常を厳しく取り締まる力を持っているというわけだ。

ただ、現在はイスラム圏の中でも、アルバニアやトルコなどでは政教分離が確立し、シャリーアは廃止されているが、不倫で死刑になるイランやアフガニスタンなどはいまだにシャリーアが強い影響力を持っている。

そして、婚姻関係を持たない男女による「婚外交渉」、さらには「同性愛」もまた厳しく処罰される。

精神的な疾患があるなどの理由がなければ、軽くても鞭打ち、最悪の場合は前述の通り死刑になるのだ。

ちなみに、国によっては、**「不貞行為を犯した妻を、夫側の両親が銃殺刑に処してもよい」**というところまである。

女性が不利なイスラム社会

そんなシャリーアに基づいた姦通罪に関する問題として、**女性がレイプされた場合、そ**

の被害者女性が処刑されるケースが頻発していることが挙げられる。

というのも、強姦罪の容疑者を有罪とするためには、証人が4人必要となる。そして、証人を用意できなかった女性は、**男性に対する誹謗中傷の罪や姦通罪に問われてしまう**のだ。

男性優位と言われるイスラム社会では、性の問題に関しても女性が不利な立場に立たされがちなのである。

実際、イランでは、2004年に**レイプされた16歳の未婚女性が姦通罪で裁かれ、クレーン車によって体を吊り上げるという方法で絞首刑に処された。**

しかもこの件については、女性の年齢が10代なかばということで死刑にすることが難しかったため、22歳と年齢を詐称してまで裁判にかけたのである。

一方、加害者の男性は96回の鞭打ちで済んだというから、非常に不公平だと言えるだろう。

近年では、2011年に、バングラデシュの14歳の少女が40歳のいとこの既婚男性からレイプされたが、男性の妻から、「夫を誘惑した」と逆に訴えられてしまった。

その結果、少女は殴る蹴るなどの暴行を加えられた後、**鞭打ち100回の刑を受け死亡**している。

その後、人権活動家などの批判運動によって、いとこの男性および鞭打ち刑を実行した司祭などの関係者が逮捕されたというが、なんともやりきれない事件であることに変わりはない。

恐るべき「名誉の殺人」

さらに、イスラム社会には**「名誉の殺人」**と呼ばれるものもある。

これは、女性の婚前・婚外交渉は、女性本人だけでなく家族全員の名誉を汚すものであるため、それが行われた場合、**父親や兄弟が女性を殺してもよい**というものだ。

むろん、女性がレイプされて結果的に男性と婚前・婚外交渉を持ってしまった場合も同様である。

にわかには信じがたい話であるが、パキスタンの有力人権団体「パキスタン人権委員会」の発表によれば、**2011年だけで、名誉の殺人で殺されたケースが同国内で少なくとも943件**あったという。

被害者のうち93人は未成年だった。そして、少なくとも19人は男性からレイプされた女性だったという。

2010年の名誉の殺人件数は791件で、2011年には女性に暴力を振るった人物に厳罰を科す法律が成立しているにもかかわらず、状況が悪化しているのが分かる。

イスラム教国家以外の姦通罪

一方、実はイスラム教国以外でも、さすがに死刑とまではいかないが、不倫を罪とみなしてその当事者を罰する国や地域は今なお結構存在する。

例えば、自由の国・アメリカでさえ、現在でも姦通罪を設けた州が存在する。また、日本の隣国・韓国でも同様だ。

韓国では、2008年、女優のオク・ソリという人物が、不倫で懲役8ヶ月（執行猶予2年）の有罪判決を受けている。

したがって、現在の日本に姦通罪がないからといって、留学や海外旅行の際も同じ気持ちでいたらひどい目に遭う可能性もある。

実際、旅人が旅行先で現地の異性と恋に落ちたが、その相手が実は既婚者で、いきなり警察が乱入、などというケースも報告されている。

海外での軽はずみな「火遊び」は、控えておいたほうが身のためなのである。

Vol.22 もし受け止められなかったら……インドの赤ちゃん投げ落とし

寺院の屋上に運ばれる赤ちゃん

インド南部のカルナータカ州、そして西部のマハラシュトラ州では、毎年12月の第1週にヒンドゥー教とイスラム教の両信者が集まり、ある伝統行事を行う。

行事の主役となるのは2歳未満の乳幼児であり、目的はこの赤ちゃんたちの健康と長寿、加えて、一族の繁栄を願うことである。

しかし、その内容が問題だ。

なぜなら、行事では、健康や長寿どころか、赤ちゃんの**命の危険を心配してしまう**ようなことが行われるためである。

行事に集まった数千人が祈りを込めながら歌い踊る中、赤ちゃんが入ったバッグを持った者がロープを使い、壁をつたって寺院の屋上まで登る。

そして、この屋上というのがかなり高い。

カルナータカ州のヒンドゥー寺院が9メートル、マハラシュトラ州の寺院に至っては**15メートル以上**もあるのだ。

これはなんと、5階建てのビルを超える高さである。

赤ちゃんが入っているバッグを持った者が寺院の屋上まで到達すると、そこで待機していた男たちが、バッグから赤ちゃんを取り出して司祭に渡す。

インドの一部の州で行われる「赤ちゃん投げ落とし」の様子。寺院の屋上から赤ちゃんが落ちていく瞬間（画像引用元：「رمي أطفال رضع من ارتفاعات عالية【http://www.youtube.com/watch?v=qTnMkjdmWso】」）

この時点で、あまりの高さに恐怖を覚え、泣きわめいたり暴れたりする赤ちゃんも少なくないという。

事故の記録はゼロ

しかし、そんなこともお構いなしに、司祭は受け取った赤ちゃんの両手足をつかんで高々と掲げる。

そして次の瞬間、こともあろうか**赤ちゃんをポーンと地面に向けて放る**のだ。

一方、地上には大人たちが立っており、シングルベッドほどの大きさの布を広げ、待ち構えている。

落ちてきた赤ちゃんはゴムボールのように跳ねな

がら布の上に着地するので、これを大人がすばやくキャッチし、それから家族のもとに返される。

この流れが次々と繰り返されるのだが、参加者の数はかなり多く、2009年には、なんと**200人もの赤ちゃんが屋上から投げられた**という。

「司祭の手元が狂ってしまったら……?」

「布でのキャッチに失敗し、地面に叩きつけられたら……?」

などと、見ているほうもヒヤヒヤしてしまうような行事だと言えるだろう。

とはいえ、700年間もの歴史の中で、死亡事故はおろか、怪我をした赤ちゃんもゼロなのだそうだ。

禁止令は出たものの

しかし、ついにこの行事にストップがかかることになる。

2009年、インド国立子ども保護委員会(NCPCR)のカルナータカ州委員会が、こうした高所からの赤ちゃんの投げ落としについて「赤ちゃんにとってゾッとするような非人道的な儀式」と発表し、すぐに禁止するよう求めたのだ。

実は、これ以前にも、この行事は多くの人権団体から種々の批判を受けていた。だが、前述のような厳しい方針が打ち出されることはなかった。

それが急に禁止へと動いた理由には、インド社会が急速な経済発展を遂げていることが背景にあると思われる。

これに伴い近年、インド政府は、宗教本来の教えから逸脱した、もしくは起源のはっきりしない迷信めいた行事の取り締まりを強化し始めているのだ。

その一方、長年にわたり行事を行っているほうからすれば、「何を今さら」といった思いがある。

投げ落とされた赤ちゃんは地上の布でキャッチされ、これまで事故はないというが、やはり危険であるため、行事を批判する声は多い（画像引用元：「رمي أطفال رضع من ارتفاعات عالية【http://www.youtube.com/watch?v=qTnMkjdmWso】」）

そのため、赤ちゃん投げ落としの参加者や寺院側は、「私たちは信仰心によって毎年この儀式に集まる」と主張し、**中止する気はない**ようだ。

インドにおいては、いまだ法規制よりも信仰のほうが、人々を動かす力が強いということなのだろう。

赤ちゃんを「飛び越す」行事

インドのみならず、このような荒々しい方法で

赤ちゃんを飛び越える、スペインの「エル・コラチョ」。こちらも危険が伴う行事だが、赤ちゃんの悪魔祓いとして行われている（©Celestebombin and licensed for reuse under this Creative Commons Licence）

赤ちゃんの健康や幸運を祈る儀式は、ほかの国にも存在する。

例えば、スペインのカストリージョ・デ・ムルシアという街では、毎年6月に**「エル・コラチョ」**と呼ばれるカトリックの伝統行事が開催される。

そしてこの行事では、赤ちゃんの「投げ落とし」ならぬ、赤ちゃんの**「飛び越し」**が行われるのだ。

行事の目的としては、街全体の厄除け、そして赤ちゃんの体の中にいる悪魔を追い払うことで、その歴史は17世紀前半までさかのぼることができる。

そんなエル・コラチョの内容は、以下の通りだ。

まず、道路に敷いたマットレスの上に、過去1年間に生まれた赤ちゃんを3、4人ずつ並べて寝かせる。

そしてその上を、悪魔の扮装をした男たちが**勢いをつけ、ハードル競争のように飛び越えていく**のである。

タイミングを少し間違えれば、赤ちゃんを踏みつけてしまいそうで、見ていると心配になってしまう。

ただ、インドの赤ちゃん投げ落としよりは少々インパクトが弱いせいか、エル・コラチョに関しては、世間の反応は概ね好意的であるようだ。

ところで、赤ちゃん投げ落としにせよエル・コラチョにせよ、その親たちはあまり心配している様子がない。

むしろ笑顔だったり、とても誇らしげだったりするのが印象的だ。

これは、行事を行えば、長寿や悪魔祓いなど、赤ちゃんに幸せがやってくるとただただ信じているからこそだろう。

ただし、赤ちゃん投げ落としもエル・コラチョも、実は、なぜこのような方法で行事が行われているのかという**意味や起源はまったく不明**なのだ。

すなわち、これら両行事は、「信仰と歴史にのっとった儀式だから絶対に大丈夫」という「根拠のない自信」によって支えられているとも言えるのである。

Vol.23 膨らみ始めた少女の胸を無理矢理潰すカメルーンの「ブレスト・アイロニング」

膨らみつつある乳房を潰す

成長期にある少女の乳房が次第に豊かになっていく――これは、女性ならば誰にでも訪れる発育過程だと言えよう。

ところが海外では、なんと少女の**膨らみつつある乳房を潰してしまう**という習慣があるのだ。

それが、カメルーンを中心としたアフリカの一部地域で行われる**「ブレスト・アイロニング」**で、その名の通り、「ブレスト（胸）にアイロンをあてる」という意味である。

その施術方法はあまりにも粗雑で、道具は木の棒、スリコギ、ヘラ、植物の実など、家庭にあるようなものが使われる。

これらを**かまどの火で熱し、少女の胸部分の皮膚に押しつけ、激しく擦ったり叩いたりして、膨らみを平らにしていく**のである。

しかもこの行為は一度で終わらず、数ヶ月間におよび、膨らみが消えるまで繰り返されるという。

この間、少女たちはひたすら我慢することしかできないのだ。

8歳の時にブレスト・アイロニングを体験した女性は、以下のように語っている。

「母が平らな石を拾ってきて、それが焼けるまで数分間火にあぶって、私の胸に押し当てて、しっかりと揉みほぐしたの。私は痛みのあまり家を飛び出したわ」

女性のみならず男性でも、考えただけで思わず胸を押さえてしまうような光景だと言えるだろう。

「ブレスト・アイロニング」に使うための木の棒を火であぶっている様子。これを少女の胸に押し当て、乳房の膨らみを潰す（画像引用元：「CNN: Activists fight breast ironing tradition【http://www.youtube.com/watch?v=lOqXWTwnEEE】」）

近代化が生んだ習慣

女性にとって、乳房が膨らみ始めるのは「成熟してきた証」であり、同年代の少年、あるいは成人男性から性的対象として見られるようになる。

カメルーンでは、そんな男性の性的なアプローチやレイプ被害から少女たちを守るため、母親、または祖母が女性の象徴である乳房をなくしてしまおうとするのだ。

実のところ、ブレスト・アイロニングはカメルーンのみならず、ギニアビサウ、チャド、トーゴ、ベナン、ギニアなどといった西・中央アフリカの国々でも行われている。

そして、最もブレスト・アイロニングが普及しているカメルーンでは、なんと**母親の4人に1人が娘の胸を潰している**という報告がある。

カメルーンの首都・ヤウンデの住宅街では、痛みに耐えきれない少女の絶叫が聞こえることも珍しくなく、観光客は驚いて足を止めるが、地元の人々はその状況に慣れており、知らぬ顔をしているという。

ブレスト・アイロニングという習慣は、「少女が学校に通い、知識を得る大切な時期に、男性とのセックスに溺れて将来を台無しにしないため」という目的から、都市部を中心に始まったという説が有力だ。

すなわち、宗教的な理由や長い伝統があるわけではなく、むしろ、**近代化に伴って広まった**可能性が高いのである。

乳房を潰すリスク

ブレスト・アイロニングを受けた女性の乳房は平らになり、黒いシミのような跡が残るケースが多い。

だが、全員がそうなるわけではない。激痛を経てにせよ、このようにうまく両胸が小さくなった少女は、まだ運が良いほうなのだ。

技術のある医師が施術をするわけではないので、失敗も多い。**乳房の大きさが左右で不釣り合いになったり、火傷で乳房が大きくただれたりする**こともざらだ。

カメルーンでは、10代の母親を集め、女性の健康について講義するなどの取り組みも行われている（画像引用元：「CNN: Activists fight breast ironing tradition【http://www.youtube.com/watch?v=lOqXWTwnEEE】」）

胸がこのような状態になってしまった少女たちは、さまざまな健康問題や精神的なトラウマに苦しむことになる。

また、当然と言えば当然なのだが、ブレスト・アイロニングを行った女性は、リスクを多々背負い込む。

腫れ、痒みはもとより、幼児への授乳不能、胸の奇形・消滅、組織破壊……さらには**乳癌を引き起こす可能性**まであることが指摘されているのである。

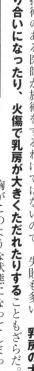

こうした状況の中で、最近では法規制を求める声が挙がったり、撲滅キャンペーンが行われるようになってきてはいる。

しかし、カメルーン政府はエイズなどの別問題を山のように抱えており、ブレスト・アイロニングにまで対処している余裕はないというのが現状なのだ。

その効果は疑問

中国の「纏足」（46ページ～参照）もそうだが、女性の体を「改造」する習慣は、男性の欲望を満たすために行われるケースが多い。

ところが、ブレスト・アイロニングの場合、むしろ**男性の目から少女を守るべく、女親によって実践されている**ということが特筆すべき点だと言えよう。

ちなみに、多くの男性はこの習慣の存在すら知らず、施術を受けた女性と初めて一夜を過ごす段になって、その胸の跡を見て驚くこともあるそうだ。

ところで、カメルーンの母親たちは娘が成長して女性らしい体になること、あるいは、性に興味を持つことを、なぜここまで警戒するのか。

これは、もしも娘に間違いがあった場合、**一族に責められるのは母親**だからである。

それを恐れるあまりに、母親が独断で娘に対するブレスト・アイロニングを強行してしまうのだ。

そして母親たちの多くは、まったく後悔しない。それどころか、娘の純潔と人生をこの手で守ったという自負が芽生え、**誇らしげでさえある**という。

たしかに、早過ぎる性交は、望まない妊娠や性感染症などといった不利益もあるため、むやみに勧められるものではない。

ただ、ブレスト・アイロニングが本当にこれを阻止できているのかと言えば疑問なのだ。

というのも、ブレスト・アイロニングの激痛を逃れるべく家出をする少女の多くが、**ボーイフレンドのもとに駆け込む**のだという。

そうなれば、思春期の少年たちが少女の体を求めることは容易に想像がつく。早過ぎる妊娠をしてしまう可能性も上がるだろう。まさに本末転倒の結果だと言える。

母親の娘に対する愛や責任感は、もちろん否定できるものではない。

しかしながら、ブレスト・アイロニングはあまりに残酷であり、しかも目的も果たせていないのであれば、何より少女たちの健康のため、別の方法を考えるべきであろう。

Vol.24 自らの体を傷つけて血まみれになるシーア派ムスリムの「アーシューラー」

過激な行事が始まったきっかけ

痛みや苦痛が伴う風習や行事は本書の中でいくつか取り上げている。そうしたものの中でも、各国のシーア派ムスリム（シーア派のイスラム教徒）が行う**「アーシューラー」**は、特に激しい行事の1つだ。

アーシューラーは、シーア派の人々が敬愛するイスラム教の預言者・ムハンマドの孫、フサイン・イブン・アリー（フサイン師）を悼むための儀式なのだが、その内容は実に過激だ。なんと、**男たちの集団が自らの体を傷つけ、流血する様を披露する**という、驚くべき光景が展開されるのである。

ではなぜ、このような行事が催されることになったのか。その原因は、7世紀にまでさかのぼる。

680年、カルバラ（現・イラク中部）に住むシーア派ムスリム（イスラム教徒）は、敵対するスンナ派のウマイヤ朝を打倒するため、フサイン師を担ぎ出した。

だが、戦いにおいてシーア派の援軍が間に合わず、結果、フサイン師は一族もろとも惨殺されてしまった。

そしてシーア派は、この日を「正義が悪に敗れた屈辱の日」、また、フサイン師を殺させてしまった「贖罪の日」とし、哀悼の行事を行うようになったのだという。

シーア派ムスリムが行う行事・アーシューラー。自らの体を鞭打ちながら行進する男たちの様子（画像引用元：「シーア派行事『アシュラ』、聖地カルバラに信者が集結【http://www.youtube.com/watch?v=nC__oPm2NE8】」）

黒一色に染まる街

アーシューラーの期間は、ムハッラム月（イスラム歴における1年の最初の月）の1日から10日までの10日間で、1日から8日は朝5時から昼まで、9日から10日にかけては夜通し行われる。

ちなみに、10日目がフサイン師の殉教日（命日）にあたる。

アーシューラーは「師の殉教を悲しむ」儀式であるため、その日が近づくと至るところに黒い小屋が建ち、道路脇には黒い横断幕が張られ、街

フサイン・イブン・アリー（フサイン師）の葬儀の様子を描いた絵画。「フサイン師のために涙を流す者は天国に行ける」という言い伝えがあるため、アーシューラーの参加者は泣き叫ぶ

路樹もすべて黒い幕で覆われる。

　つまり、街中が「喪の色」に染まるというわけだ。

　また、集会場や公園の広場、聖者廟などに特設劇場が設けられ、ここでフサイン師の殉教劇「ターズィイェ」が毎晩披露される。

　そして、フサイン師が惨殺されてしまうシーンでは、**男性は泣き叫びながら自分の体を叩き、女性は床に突っ伏しながら号泣**するのである。

「フサイン師のために涙を流す者は天国に行ける」

　そんな言い伝えが参加者の原動力になっているが、中には興奮してトランス状態に陥る者もいるため、シーア派ムスリムではない見物客は、異様な光景だと感じるかもしれない。

「ザンジール・ザニー」

　そんな激しい行事の中でも、最も過激なのが、同郷者や同業者を単位とした男たちの集団「ダンデ」による、**「ザンジール・ザニー」**と呼ばれる服喪行進だ。

彼らは太鼓を叩いたり、棺を担いだりして、思い思いの哀悼の表現をしながら練り歩く。

そして、「フサイン！　フサイン！」と涙を流しつつ名前を叫びながら、**鉄製の鎖でお互いの背中や胸を打ちつけ、また、鞭や刀で自分を傷つける**のである。

むろん、体は赤く腫れ上がり、頭や背中からは多量の血が流れ出す。しかもダンデには、**子どもや老人も含まれている**。

それでも彼らは自分を痛めつけ続け、エスカレートすれば頭をかち割る。体中が血で真っ赤に染まっている者も1人や2人ではない。

一方、見ている女たちは激昂に似た叫び声をあげながら祈りを捧げ、それがさらに男たちの信仰心とプライドを煽り、自傷行為を激しくさせるとも言われている。

彼らがこうした過激な行進を行うのは、フサイン師の一族と同じ痛みを味わい、その苦難を追体験しようとしているためだという。

そして、苦痛が大きければ大きいほど、「神に近づける」と信じているのである。

それゆえ、アーシューラーでは血を流したぶんだけ信仰心が強いとされ、路上には、**血を流すのに適した刃物を売る店がずらりと並ぶ**ほどだ。

体中を傷つけるため、当然ながら失神者や怪我人も多数出るが、アーシューラーは、シーア派ムスリムの男性にとって「見せ場」でもある。

したがって、参加する男たちの中には、この日に備えて普段から体を鍛えている者もいるそうだ。

便乗事件・テロ問題

このように、アーシューラーは非常に大きな行事であるため、それに伴い、開催中の期間に物騒な事件が起こることも少なくない。

実際、アーシューラーの時期が近づくと、開催地域に渡航・滞在する人々に向けて注意喚起が発信されるほどだ。

例えば、1977年には、聖地のカルバラで行われた儀式が**反政府暴動に転化**し、大騒動になった。

こうした出来事を危険視した当時のイスラム指導者、ルーホッラー・ホメイニ師を中心としたイラン、およびイラクの政府は、一時アーシューラーを禁止することにした。

その後2004年、鎖や刃物など、武器になるものの携帯を禁止としたうえで、アーシューラー自体は復活する。

だが、これに乗じた**爆発事件**が起き、バグダッドで75人、カルバラで30人の計100人以上が死亡する大惨事となってしまった。

これ以降も、各地で自爆テロなどによる負傷者が出る騒動が頻発し、近年の事例では、2011年に行われたアーシューラーで、**子どもや女性を含む約60人が死亡、約150人が負傷**している。

また、シーア派が多いイラン・イラクに比べ、シーア派が少ないパキスタンでは、多数派であるスンナ派と衝突する危険性もあるため、今後も、アーシューラーをきっかけにした暴動が懸念されている。

イラクのカルバラにおける、2004年のアーシューラーでは爆発事件が相次いだ。写真は現場の1つから負傷者を乗せて病院に向かう小型トラック（写真提供：AFP＝時事）

しかしながら、政府があまりに厳重に規制をかけてしまえば、それが参加者たちの反発心に火をつける。

そして、逆にますますアーシューラーが危険なものになってしまうという側面もあるため、政府としても介入が難しいのが実情だ。

いずれにせよ、アーシューラーの参加者がフサイン師への哀悼という目的を置き去りにして、物騒な争いを起こしてしまうのは、非常に嘆かわしいことだと言えるだろう。

Vol.25
食糧不足が原因の窮余の策 トダ族の「一妻多夫制」と「女児殺し」

世界的にも稀な「一妻多夫制」

1人の夫に対して妻が多数。そんな「一夫多妻制」はアフリカなどではよく見られるが、逆の**「一妻多夫性」**は世界的にも稀な習慣だ。

実際、一妻多夫制が行われているのは、チベットに住むニンバ族、ポリネシアのマーケサス族、そして本項で重点的に取り上げる南インドのトダ族の3ケースしか報告されていないという。

そして、そのほとんどは「兄弟型一妻多夫婚」。つまり、**兄弟が1人の女性を共通の妻とする**ものだ。

これは、弟が自身の妻を持つまでの一時的な対策として行われる場合もあれば、永続的に兄弟が1人の妻と配偶する場合もあり、その理由もさまざまである。

例えば、チベットのニンバ族の場合は、その特殊な地理条件が一番の要因となっている。

険しい渓谷沿いの非常に狭い土地に暮らす彼らには、一家に男の子が2人以上生まれても、分ける土地がない。

したがって、長男の嫁を次男以降も共有して1つの家族として成り立たせることで、土地を分割する必要性をなくすのである。つまり、ニンバ族の一妻多夫制は土地・財産分与対策のためといった感が強い。

兄弟間で共通の女性と夫婦生活を送るなどと聞くと、醜い血族の争いの火種になりそうにも思えるが、逆に安心だという。

1871年に撮影された、トダ族の人々。写真のように、トダ族では1人の女性（中央）が複数人の夫を持つ「一妻多夫制」の習慣があった

というのも、ニンバ族の男性は行商で長期間家を離れることが多いのだが、妻を1人にしておくと赤の他人に寝取られる心配がある。

そんなことになるよりは、気心が知れている兄弟に相手をしてもらうほうが、トラブルやリスクが少なく、子どもができた場合でも、同じ血筋をひいているため絆が生まれるというわけだ。

また、1人の女性が数人の男性を共有

すると女性が余ってしまい、結婚できなくなる女性が出てくるのではという心配も無用である。

なぜなら、ニンバ族の姉妹が婿をとる場合には、その婿を共有するという一夫多妻制も同時に行われているため、バランスが崩れることはないのだという。

トダ族の「女児殺し」

一方、南インドのトダ族だが、彼らは女の子が生まれると間引く、すなわち**「女児殺し」**の習慣が存在したため、男女比が著しく偏った共同体となってしまった。

そのため、やむなく「1人の妻が複数の夫に嫁ぐ」こととなったのである。

そんなトダ族は、インドのタミル・ナードゥ州、ニルギリ山岳に暮らす、インドの中でもヒンドゥー教を信仰していない民族の1つだ。

トダ族は水牛を神聖化し、水牛の乳製品を作ることを宗教行為とする特殊な宗教観と伝統を持っており、一時は、山岳民族の文化の中心にはトダ族がいると言われたほどだ。

ところが、19世紀のイギリス人の侵入をきっかけにさまざまな異文化が入ってきたこと、さらには、ほかの少数民族がトダ族の乳製品を必要としなくなったことなどから、彼らは貧困に陥ってしまった。

こうした背景から、食料不足対策として、トダ族では**女の子が生まれたら殺す**という風習が生まれた。

その結果、トダ族の女性人口は激減したが、民族自体を絶やすことはできないため、考え出されたのが、一妻多夫制だったのだ。

トダ族の場合、女性はおもに兄弟に嫁ぐが、**集落の異なる複数の男と結婚し、1ヶ月間隔で夫のもとを巡回することもあった**という。

なお、現在では政府から女児殺しが禁止され、男女比のバランスは回復を見せ、ほぼ一妻一夫制に移行している。

しかし、トダ族自体の人口減少は止まらず、現在は1500人ほどしか残っていないようだ。

ちなみに、ポリネシアのマーケサス族もトダ族同様、かつて女児殺しを行っていた。

そのため、男性人口が女性人口の約2倍半にまで膨れ上がってしまい、1人の女性が2～3人の夫に囲まれて暮らしている。

ただ、マーケサス族の場合、身分の高い男性は妻を数人持つことがあり、その妻も数人夫を持つ、という具合に**「一夫多妻」と「一妻多夫」が混在したややこしい大家族になる**ケースもあるという。

ヤノマミ族の特殊な嬰児殺し

ところで、トダ族の女児殺しのような**「嬰児殺し《えいじ》」は、実は世界中でまま行われている**ものだ。そしてその多くは、トダ族と同様、食料不足を防ぐための人口抑制が目的である。

一方、特殊な伝統から赤ちゃんを殺す習慣を持つ民族がいる。

それが、アマゾン（ブラジルとベネズエラの国境）に暮らすヤノマミ族だ。

ヤノマミ族の女性は、赤ちゃんが生まれたらまず、**「育てて人間として迎えるか、殺して精霊として還すか」**の選択を迫られる。

ヤノマミ族の女性たち。彼女たちは子どもを設けると、「育てて人間として迎えるか、殺して精霊として還すか」の決断をしなければならない（©GeorgHH and licensed for reuse under this Creative Commons Licence）

そして、「精霊として還す」ほうを選んだ母親は、**赤ちゃんを自分の手で殺し、その遺体をシロアリの巣に埋め、シロアリに食べさせたうえで、最後にはシロアリと赤ちゃんを巣ごと焼いてしまう**のである。

この行為は、文明人から見れば嬰児殺し以外の何物でもないが、ヤノマミ族の人々は、精霊として赤ちゃんを森に還すための神聖な儀式として、ごく普通に行っているのだ。

彼らの原始的な生活様式や、嬰児殺しの様子は、「NHKスペシャル」でも紹介され、そのあまりにも自然な森との共存、また、死を身近に受け止める様子が大反響を呼んだ。

ところが、2012年7月、そんなヤノマミ族の集落で大事件が起きる。

彼らと対立関係にあったブラジルの鉱山業者が、なんと**ヤノマミ族の集落を焼き払い、80人以上という数の大量虐殺を行った**というのだ。

この件についてベネズエラ政府は、「調査団を派遣したが、虐殺の証拠は発見されなかった」と発表しており、結局、真相は解明されないままだ。

真偽のほどは分からないが、一説によれば、ブラジルの鉱山業者はヘリコプターを使って集落への侵入と虐殺を行ったとされる。

トダ族やヤノマミ族が赤ちゃんを殺すのは、それぞれ事情や伝統があるためで、外野が頭ごなしに否定できるものではない。

対して、文明の力を使い、本当に少数民族を虐殺したのならば、そうした行為はきわめて野蛮であり、到底許されものではないと言えるだろう。

第4章 思わず目を丸くする面白い風習

イタリアのイブレアで毎年２月に開催される「オレンジ祭」

Vol.26

文字通り自爆者が続出 メキシコの「メガボンバー」

「最も過激」なメキシコの祭

祭とは、神へ日々の感謝を捧げ、今後の幸福を祈る神聖な儀式である。

それと同時に、食事や踊りを楽しみ、日常のストレスを発散させるいい機会でもあるため、神に感謝をしつつも、非常に派手だったり過激だったりする祭も見られる。

そうしたものの中で、「最も過激」と呼ばれる祭がメキシコに存在する。

その名も、**「メガボンバー」**。

参加者たちが爆薬を使って次々と自爆していくという、南米で一番危険と言われる奇祭である。

このメガボンバーが行われるのは、サン・ファン・デ・ラ・ベガという田舎町で、毎年1万人以上もの人が集まる。

無防備な参加者たち

メガボンバーの手順はきわめてシンプルだ。

まずは塩化カリウムと硫黄を組み合わせて少量の爆薬を作り、それをハンマーの先にくくりつける。そして、**地面に置いた鉄板目がけ、力の限り振り下ろす**。これだけなのである。

他人や動物を傷つけようとしたり、公共物を破壊したりすることは厳禁だが、注目すべきは、祭に参加する人々の姿勢だ。

少量とはいえ、至近距離で爆薬を爆発させるので、普通ならば鎧や防爆スーツで爆風から身を守ろうとするだろう。

しかし、参加者たちの多くは爆風避けのバンダナやサングラスを身につける程度で、それどころか、**何の対策もせず普段着のまま参加**している者も少なくない。

理由としては、この祭が一種の度胸試しのような一面を持っているからだと言われている。過剰な防具は、

メガボンバーの様子。参加者の男性が爆薬のついたハンマーを振り下ろし、爆発した瞬間（画像引用元：「Mega Bomba 2011-Bomba Del JC【http://www.youtube.com/watch?v=U84edZpGPj4】」）

爆発の衝撃によって吹き飛ばされている参加者。メガボンバーの会場ではこうした光景があちらこちらで見られる（画像引用元：「Mega Bomba 2011-Bomba Del JC【http://www.youtube.com/watch?v=U84edZpGPj4】」）

臆病者の証だとみなされてしまうということなのだろう。

結果として、メガボンバーでは毎年数十人もの怪我人が出ている。

それでも、祭の主催者側はいつものことだと気に留めず、参加者も怪我をすることなどお構いなしにハンマーを振り下ろし、次々と自爆していくのである。

祭の間は、そこかしこで爆音が響きわたり、街はまるで**戦場のような雰囲気**に包まれるのだという。

まさにメガボンバー（凄まじい爆発）の名に恥じない光景だと言えるだろう。

メガボンバーのルーツ

メガボンバーは、爆薬を用いることやその雰囲気から、近年になって始められたものだと思われがちだ。

ところが実際には、**およそ400年前から続く**と言われるほど、長い歴史を持つ祭なのだ。

メガボンバー誕生のきっかけは、キリスト教にある。

かつてのメキシコはアステカ帝国が栄え、そこでは独自の神事が行われていた。しかし、大航海時代の16世紀前半、スペインの侵略によってアステカは滅ぼされ、キリスト教が広められるようになった。

その結果、現在のメキシコでは人口の約9割がカトリック信者となっており、多くのキリスト教の習慣や祭事が受け継がれている。

そんなカトリック系の習慣の1つに「断食」がある。

断食といえばイスラム教の「ラマダン」が有名だが、カトリック系の教会では、復活祭前の金曜日を「聖金曜日」として、この日に断食を行う。

そして、この断食こそが、メガボンバー誕生の鍵を握っているのである。

実は、カトリック教会の断食は、「断食」とはいうものの、肉や乳製品を制限する程度で、完全に食事を絶つことはまずない。

それでも、好きなものを食べられないということはやはりストレスであり、これに我慢できなくなったのが、昔のメキシコの若者たちだった。

カトリック教徒である彼らは、断食の拒否こそしなかったものの、ストレスを発散させるため、**爆薬を爆発させて憂さ晴らし**をするようになったのである。

こうした若者たちの行為が広まった結果、メガボンバーが誕生したと言われている。

フィエスタの数々

実は、メキシコにおける派手な祭はメガボンバーだけではない。この国では、そうした行事が毎日のように各地で催されているのだ。

例えば、メキシコ全土の村々で開かれるカトリック系教会の伝統儀礼で、「聖人聖母祭」というものがある。

これは、普段は壁龕《へきがん》（壁をえぐって作ったくぼみ）に安置している聖人聖母像を、祭礼前に教会の祭壇へと移し、祭礼当日になると外へ担ぎ出して街中を練り歩くというものだ。

祭礼当日までには楽隊の演奏や打ち上げ花火などの前祝いが行われ、いざ始まれば市が開かれ、闘牛、闘鶏といった娯楽的行事も多数開催される。

このように、宗教と娯楽を複合させた催事は「フィエスタ」と呼ばれ、**「メキシコでフィエスタがない日は年に1週間もない」**と言われるほど、メキシコ人にとってフィエスタはお馴染みなのである。

ちなみに、行われるのはカトリック系の祭礼だけではなく、アステカ時代からの伝統行事も廃れてはいない。

その1つである「ディア・デ・ロス・ムエルトス」（死者の日）は、11月1日から2日にかけて行われる。日本のお盆のような、死者の魂を偲ぶための風習だ。

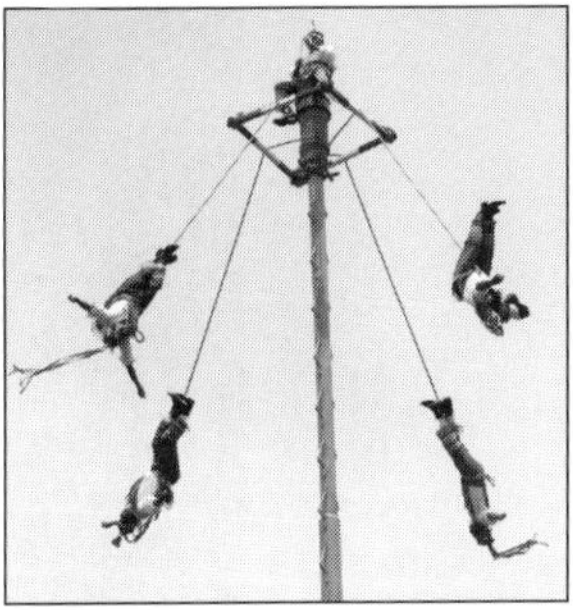

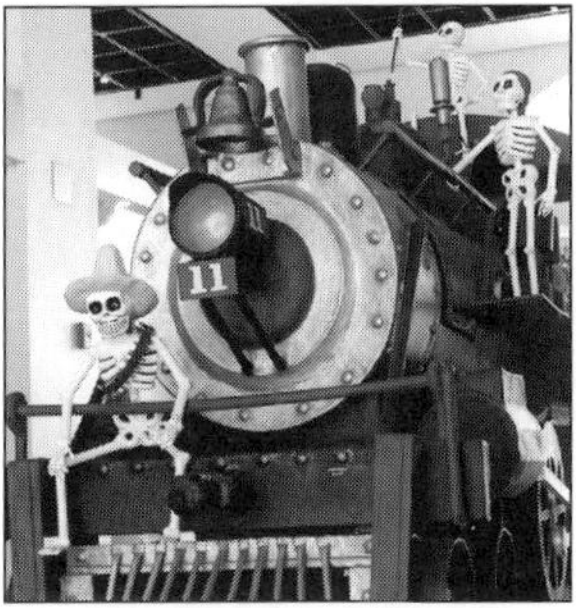

【写真右】メキシコにおけるガイコツのオブジェの例。「ディア・デ・ロス・ムエルトスでは、街中でガイコツが見られる（©Museo de Arte Popular and licensed for reuse under this Creative Commons Licence）
【写真左】ボラドーレスの様子。ロープ１本を体に巻きつけ、高い鉄柱から飛ぶ。この行事は、「フライング・インディアン」などとも呼ばれる（©Frank C. Müller and licensed for reuse under this Creative Commons Licence）

このときに溢れるのが大量のガイコツで、ガイコツの人形やガイコツの絵、そしてガイコツに扮装する人々など、**街はガイコツだらけ**になる。

ディア・デ・ロス・ムエルトスは、「祖先のガイコツを祀る」というアステカ時代の風習と、「死者の日」という死者に祈りを捧げるカトリック系の風習が混ざってできたものだと言われ、現在では、ユネスコ無形文化遺産に指定されている。

このほかにも、メキシコでは「ボラドーレス」という行事があり、これは、**30メートルを超す高さの鉄柱に登り、ロープを体に巻いて飛ぶ**というもの。

もともとは、トトナカ族という部族が古くから行っていた大地への感謝と豊作祈願のための宗教儀式だが、最近では、ショーとして行われることもあるようで、迫力の瞬間を見ようと、大勢の見物客で賑わうそうである。

Vol.27 街が赤く染まるスペインの「トマト祭」 固い果実が飛ぶイタリアの「オレンジ祭」

想像以上の規模

情熱の国スペインでは、住人たちが互いにある野菜を投げ合い、街中が赤一色に染まる行事がある。

それが、バレンシア州のブニョールで開かれる**「トマト祭」（トマティーナ）**だ。

参加者がトマトをぶつけ合うこの祭は世界的に有名だが、規模があまりに大きなことにも驚かされる。

というのも、**5万人以上の参加者**たちが投げる**トマトの総量は、なんと100万トンを超す**のである。

そんなトマト祭の歴史は浅く、1945年に街で起きた出来事がきっかけになったというのが有力な説だ。

この年のある日、ケンカをしていた若者たちがその最中に、トマトを相手に投げつけた。

ケンカ自体はすぐに収まったが、若者たちは面白がり、**翌年以降も同じ日にトマトを使ったケンカをするようになった。**

すると、それを見ていた人の興味をも惹くようになり、トマト投げの参加者はだんだん増えていった。

スペインのブニョールで開催される「トマト祭」。非常に大規模な祭で、いざ始まれば街中が真っ赤に染まる（©flydime and licensed for reuse under this Creative Commons Licence）

その後、一時は禁止令が出される事態にまで発展したが、結局、住民たちのあまりの熱狂ぶりに押され、1959年には**市役所が直々にトマト祭における「戦いのルール」を制定**する運びとなった。

そして1980年には運営そのものも市が行うようになり、以降、正式な行事として認定されることとなったのである。

見物人にも容赦なし

トマト祭は、8月の最終水曜日に始まるが、住民たちは前日から屋台などを設けて前夜祭を開く。

そして当日の早朝にも**「石鹸棒」**（石鹸が塗られ

た棒に登り、棒の先端に結びつけられたハムを取る競争）が催される。この石鹸棒は本番前の目玉行事で、ハムを取ると英雄になれるため、参加者は必死になって棒によじ登る。

石鹸棒の終了後、「危険物を持ち込まない」「トマトは適度に潰してから投げる」などのルール確認が行われると、いよいよトマトの投げ合いまで秒読みだ。「トマト！　トマト！」と声を張り上げる参加者たちの前に、まずはトマトを満載した数台のトラックが現れる。

そして号砲が鳴らされると、皆が一斉にトマトを手にし、お互いにぶつけ始めるのである。狭い路地の中でところ構わず投げられるトマト。赤い塊が豪雨のように降り、**人も街も瞬く間に真っ赤に染まる**。

観光客でも決して容赦はされず、うっかり軽装で見物にきてしまった人が、全身を真っ赤にされたうえ、**カメラまで壊された**などというのはよく聞く話だ。

午前11時頃に始まるトマト祭は、それからおよそ2時間後に鳴らされる2発目の号砲を合図にお開きとなる。

「祭の終了後はトマトを投げない」というルールもあるため、延長戦に突入することはなく、人々は自身の体と街を洗い流す作業に移るのである。

イタリアの「オレンジ祭」

一方、ところ変わってイタリアでも、トマト祭に類似した祭が開催される。

それが、毎年2月にイタリア・トリノ県のイブレアという街で開かれる「イブレアカーニバル」のメインイベント**「オレンジ祭」**だ。

イブレアカーニバルは、中世時代に起きた独裁者に対する反乱を起源とする行事で、「オレンジ祭」は、カーニバルの最後の3日間に行われる。

このオレンジ祭がトマト祭と異なる点は、基本的に、地元の住民しか参加できないということだ。

これは、祭が地元の歴史に深く関係があるためだと言われ、参加者は地域ごとのチームに分けられる。

ただし、秘祭といった類のものではないため、観光客も安全ネットの中から見物することができる。

なお、観光客には「標的ではない」ことを示す

イタリアのイブレアで開催される「オレンジ祭」。トマト祭とは異なり、基本的に地元の人々しか参加できない
(©Giò and licensed for reuse under this Creative Commons Licence)

赤い帽子の着用が義務づけられており、祭の間を安全に過ごすためには、これが欠かせないのだ。

独裁者役が馬車に乗って現れると、オレンジ祭はスタートする。

まずはこの独裁者役が馬車からオレンジを投げ、ほかの参加者たちはそれを全力で投げ返すのだ。

会場となる各地の広場はトマト祭と同様凄まじい熱気に包まれるが、当然、オレンジはトマトよりも固い。そのため、**負傷者が出ることも珍しくない**のである。

とはいえ、その熱狂ぶりは恐怖心も失わせてしまうのか、祭が佳境に入ると、興奮した観光客が乱入し、オレンジ投げに参加してしまうこともよくあるという。

幻の「日本版トマト祭」

スペインのトマト祭、そしてイタリアのオレンジ祭は、陽気なイメージのある両国にふさわしい行事だといえるが、実は、トマト祭が**日本でも行われる可能性があった**。

東京都の二子玉川駅付近、多摩川河川敷に設けられた会場に人々が集い、スペインのトマト祭と同じようにトマトを投げ合う予定だったのである。

これは、事前に参加人数の上限が100人と決められ、参加料を徴収する（スペインのトマト祭は参加無料）トマト祭で、２０１２年９月９日に開催される予定だった。

ところが、その前日になって急遽祭の中止が告げられ、公式サイトも閉鎖された。

中止の理由は、世間から批判が殺到したためで、最も多かった反対意見は、「食べ物を粗末にするな」というものだったという。

たしかに、食べ物をぶつけるという行為は、「もったいない精神」を持つ日本人にとって受け入れやすい行為であるとは言いがたい。

よって、今後も日本でこうした行事を大々的に開催することは難しいだろうと思われる。

ちなみに、本場のトマト祭やオレンジ祭についても批判の声が上がることもあるが、スペインやイタリアで飛び交うトマトとオレンジは、虫食いなどで廃棄が決定したものだけが使用されている。

Vol.28 本場の「トルコ風呂」は非常に健全？ 中東の公衆浴場「ハンマーム」の実態

本場の「トルコ風呂」とは

風俗店の「ソープランド」がかつて、**「トルコ風呂」**と呼ばれていたのを記憶に留める人も多いだろう。

実際、トルコを含む中東全域には**「ハンマーム」**（ハマム）いう公衆浴場があり、これがいわゆるトルコ風呂と呼ばれるものだが、ハンマームは、日本のソープランドのような風俗店ではない。

では一体、このハンマームとは、どのような施設なのか。

まず、その名称だが、これはアラビア語の「温める」「熱する」を意味する「ハンマ」に由来する。

そして、ハンマームは公衆浴場とはいうものの大きな浴槽がなく、その代わりに客は、蒸気の立ち込めるホールで汗を流す。

つまり、ハンマームは日本でいう「サウナ風呂」に近いものなのである。

そんなハンマームの歴史は古く、東ローマ帝国時代まで遡るとされる。

1453年、オスマン・トルコは東ローマ帝国の首都コンスタンチノープル（後のイスタンブール）を攻略した。

その際、「バルネア」「テルマエ」といった古代ローマ帝国時代からの伝統的な公衆浴場文化を受け継ぐ形で、ハンマームはオスマン・トルコ全土に広まっていくこととなるのだが、その背景には、イスラム教の教えが関係していた。

イスラム教は、常に心と体の清潔を保つことを務めとするため、市民共有の公衆浴場ハンマームは、人々から好評をもって迎えられたのである。

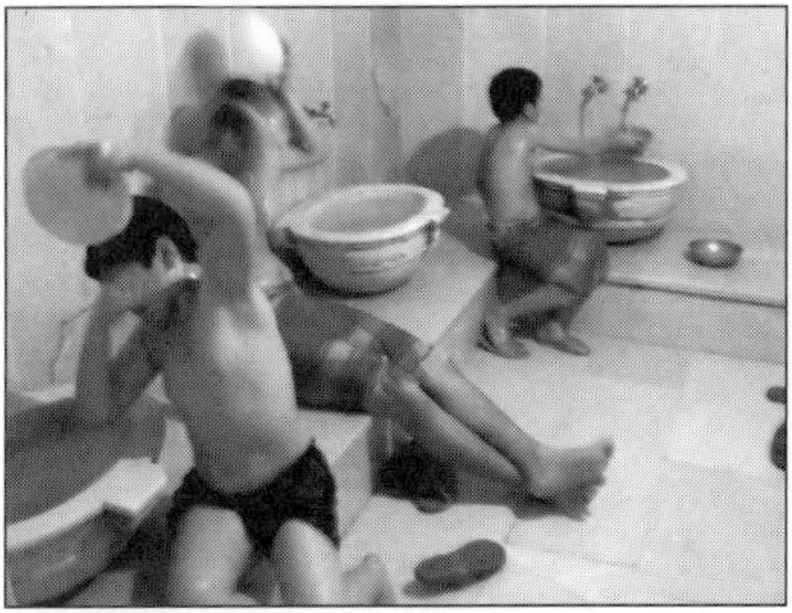

トルコを含む中東全域で見られる公衆浴場「ハンマーム」。日本の銭湯のような大浴槽がない「サウナ風呂」である（©Giò and licensed for reuse under this Creative Commons Licence）

多数の世話係が存在

ハンマームの入口は男女別々になっている。これは、女性を親族以外の男性の目から隠すというイスラムの習慣にのっとったものだ。

入ってすぐに番台があり、中は大きなホールになっている。そして脱衣所では大きな布が渡され、服を脱いだ後にこれをまとい、備えつけのサンダルを履く。

浴室は前述のようにサウナ状態になっており、数人が横たわることのできる大理石の台がある。そこに横たわり汗をかくと、「ナトゥル」などと呼ばれる世話係の出番だ。

彼らはたくましい体格で腰巻1枚という格好。この大男たち（女湯の場合は大柄の女性たち）が、客の手足を、叩く、引っ張るという荒っぽい方法でほぐしていくのである。ナトゥルによるマッサージが終わると、続いて客は、「ケセジ」と呼ばれる世話係のアカスリを受ける。

その後は、洗面台でシャンプーなどの世話を受けるが、自分でゆっくりと洗いたい場合には、個室も用意されている。

女性がくつろげる場

そんなハンマームは、昔は、街の社交場としての機能も備えていた。

客たちは脱衣所で紅茶やコーヒーを飲みながら歓談し、演劇なども行われていたという。

現代の日本における、「スーパー銭湯」のような場所だったのだろう。

特に、自由に外出することすら制限されてきた女性たちにとっては、素顔をさらし、くつろいで会話を楽しめるハンマームは貴重な社交の場であった。

ついつい話が弾み騒がしくなる様子から、**ペルシャ語では、「騒がしい様子」を表すのに、「女湯のようだ」という慣用句がある**ほどだ。

加えてハンマームは、母親が息子の嫁を探すための場であったり、結婚式前の女性が親族の女性に囲まれ、身づくろいをしたりする儀礼的な機能も有していたという。

昔のハンマームの女湯の様子。くつろぐ女性入浴客と共に、世話係たちの姿も描かれている

ヨーロッパにおける誤解

冒頭で述べた通り、戦後の日本ではソープランドのことをトルコ風呂と呼んでいたわけだが、実は、それよりもずっと昔には、ヨーロッパで**ハンマームがいかがわしい場所**だという認識が持たれていた。

16世紀後半以降、燃料の高騰や伝染病の蔓延により、ヨーロッパの公衆浴場は急速に衰退したが、代わりに**「売春浴場」**が台頭してきた。

英語で浴場を表す「スチュー」「ホットハウス」「バーニョ」などの言葉がいずれも「売春宿」の意味で用いら

れるなど、当時のヨーロッパの人々は、**「公衆浴場＝売春宿」**とみなしていたほどだ。

そして、17世紀から18世紀の終わりにかけてのロンドンには「トルコ人の首」などと名づけられたハンマームが多数建てられたが、実際ここでは売春が行われていた可能性が高い。

そのため、19世紀より以前のヨーロッパでは、本場のハンマームについても、売春浴場だという誤解が根付いていたと言われている。

日本の「トルコ風呂」

日本では、銭湯や温泉など公衆浴場文化がすでに発達していたためか、本格的なハンマームが流行ることはなかった。

その一方で、銀座にあった総合レジャー施設・「東京温泉」が女性が男性に対してアカスリを行う「トルコ風呂」のサービスを1951年にスタートさせた。

このサービスは広がりを見せ、1966年にはトルコ風呂が「個室付浴場」として許可されるが、当初は、個室ではあるもののマッサージやスチームが主で、性的なサービスはなかった。

だが、「売春防止法」の施行で行き場をなくした女性たちがトルコ風呂の経営者たちと結びつき、やがて、**「自由恋愛」という形でトルコ風呂における売春行為がはびこる**ようになった。これが、現在のソープランドの起こりだ。

その後、トルコ風呂という名称が風俗店を指すことに憤慨したトルコ人青年が、1984年に改名運動を起こしたことなどがきっかけとなり、トルコ風呂という言葉は廃止され、ソープランドに変わったのである。

このように、ヨーロッパでも日本でも「トルコ風呂」という言葉は、淫靡な印象がまとわりつくという憂き目に遭ってきた。

現在のソープランドは、かつて「トルコ風呂」、あるいは「トルコ」と呼ばれていたが、トルコ人青年の改名運動などがきっかけとなり、その名称は廃止された。写真は、改名前の滋賀県大津市雄琴の様子（写真引用元「戦後性風俗大系―わが女神たち」）

しかし実際のところ、イスラム教は性行為について厳格であり、教徒たちは、たとえ同性同士であっても堂々と全裸を人に見せることをはばかる。つまり、**本場のハンマームはいかがわしさとは程遠い施設**なのである。

現在、ハンマームは各家庭に普及したシャワーや浴室に押され、激減してしまっている。しかし、観光客向けに営業しているところもあるため、本場のハンマームを体験したいという方は、実際に訪ねてみるのもいいだろう。

Vol.29 ザザムシ、カメムシ、ウジムシ……世界各地の昆虫食文化

昆虫食のいまむかし

狩猟や農耕の技術が未発達であった原始時代には、植物のほか、昆虫類もしばしば食料になっていたと考えられる。

実際、メキシコで発見された人糞の化石の中には、シロアリやミツバチなど昆虫の残骸と見られる痕跡がいくつも見受けられたという。

しかしその後、狩猟や農耕の技術が向上し、食料の選択肢が増えていくと、昆虫を食べる機会は徐々に少なくなっていった。

そして現在では、見た目のグロテスクさもあり、昆虫食を敬遠する人が多いのが実情だ。日本においても、通常の食事で昆虫を口にすることはほとんどないと言えるだろう。

とはいえ、日本を含め、昆虫食は消滅してしまったわけではなく、**むしろ好んで昆虫を食べる**人が大勢いる国もある。

一説によれば、現在、日本で**約50種類、世界全体では1500種類以上もの昆虫が食べられている**とも言われる。

現代日本の昆虫食

タイ・バンコクの市場で食用昆虫を売っている様子。現在でも、世界全体では1500種類以上の昆虫が食べられているという（©Takoradee and licensed for reuse under this Creative Commons Licence）

日本において、昆虫料理が有名な地域として名前が挙がるのが長野県である。

山に囲まれた長野では、古来より貴重な栄養源として昆虫を摂取してきた。

そして現在でも、天竜川などで獲れるクロカワムシやカワゲラは地元で**「ザザムシ」**と呼ばれ、佃煮や揚げ物にして食べられている。

ザザムシは「川海老」の異名を持つほど濃厚な旨味があり、好きな人は病みつきになってしまうという。

また、その収穫量の少なさから、高級食材としても知られている。

このほか、国内の昆虫食としては、ハチの子やイナゴが有名だ。イナゴは佃煮として、ハチの子は炒め物などの具として食べられることが多い。

なお、ハチの子とイナゴは、**「食品成分表」にカロリーや栄養分が記載**されているほどで、日本においては最も身近な食用の昆虫だと言えるだろう。

さらに、ハチはハチでも、**猛毒のスズメバチの成虫を食べる**文化さえある。

ご存知の通りスズメバチは毒性が強く、場合によっては刺された人が死んでしまうほどだ。

しかし、長野県の大町市ではクロスズメバチを焼き込んだ「地蜂せんべい」が名産品として作られ、また、九州などではオオスズメバチを調理して食べることがある。ただし、成虫のスズメバチを食べる場合、調理前に毒針の部分を取り除くことが多いようだ。

それ以外には、マイナーではあるものの、**カイコ、アリ、カミキリムシ**などが国内で食べられている昆虫である。

中国の昆虫食

「二足のものは親以外、四足のものは机とイス以外、走るものなら自動車以外、泳ぐものなら潜水艦以外、空を飛ぶものなら飛行機以外なんでも食べる」などという言葉があるほど食に貪欲な中国では、もちろん昆虫も食材として扱われる。

例えば、中国の広東省では、地元の人々が**「水ゴキブリ」**と呼ぶ虫を食べる。

実はこれ、日本で言うゲンゴロウ類のことだ。田んぼや池などに棲息する水棲の昆虫だが、たしかに形はゴキブリに似ている。

一般的な調理法としては、生きたまま下茹でし、その後、数分間煮込むというもの。これでおいしく仕上がるという。

味は、少々苦味はあるもののそれほどクセは強くないそうだ。

栄養価が高く、滋養強壮にも良いということで、広東省ではおもに健康食として親しまれている。

中国の雲南省やタイなどで食べられる「竹虫」の炒め物。なお、竹虫とはツトガ（苞蛾）やメイガ（螟蛾）などの幼虫である（©Takoradee and licensed for reuse under this Creative Commons Licence）

一方、雲南省などでお馴染みの昆虫が**「竹虫」**だ。

体長3センチか4センチほどで、**シャクトリムシとカイコを足して2で割ったような姿**をしている。

竹虫を油で炒めると、上品な甘味と脂肪の味が絶妙に交じり合ってきわめて美味であるそうだ。そんな竹虫は、「高級珍味」として扱われている。

カメムシを食べる国

一方、東南アジアのラオスでは、ある意味、ゴキブリよりも口にしたくないような昆虫が食べられている。

それが、悪臭で有名なあの**カメムシ**だ。

においがかなりきついため、日本では「クサムシ」あるいは「ヘコキムシ」などといった名で呼ばれることもある。

カメムシが悪臭を発するのは、おもに外敵から身を守るためであるが、においの強さには種類や個体によって差があり、成長の段階や雄雌間でも違いがある。

ラオスでは、そんなカメムシの悪臭のことを「キュー」と称する。

そして、キューが強い個体であっても、焼いたり炒めたりすることによってにおいはマイルドになり、味は柔らかな甘みがあって、コクもあるという。

人によっては、**きついキューがクセになり、生カメムシを食べてしまう**というから驚きだ。

ちなみに、カメムシを食べるのはラオスだけではなく、メキシコや南アフリカでも食べる習慣がある。

ウジムシ入りのチーズ

キリスト教の宗派によっては、特定の昆虫を食べることを禁じていることもあってか、欧米では、昆虫食の習慣はほぼ見られない。

しかし例外もあり、イタリアの「カース・マルツゥ」というチーズは、**生きたウジムシが入っている**のが特徴だ。

これは、ウジムシがチーズを食べて排泄することによって柔らかくなり、甘さも強まるため、より美味になるからだという。

ちなみに、ナイフなどがウジムシに触れると**高く飛び跳ねてしまうので、目に入らないように注意しながら食べるのがコツ**なのだそうだ。

イタリアの「カース・マルツゥ」。このチーズにはウジムシが入っており、場合によってはウジムシが高く飛び跳ねるという（©Shardan and licensed for reuse under this Creative Commons Licence）

なお、現在では衛生面の問題から、イタリアの法律により、カース・マルツゥの市場での流通は禁じられている。

このように、世界にはさまざまな昆虫食文化が存在する。

気持ちが悪くても、勇気を出して口にしてみれば、案外好みに合うかもしれないので、機会があれば、挑戦してみてはいかがだろうか。

Vol.30 血まみれで殴り合うクリスマス ペルー・クスコ県のケンカ祭「タカナクイ」

クリスマスの決闘

ペルーのクスコ県。カトリックが人口の大半を占めるこの地域では、もちろんクリスマスには人々が愛と平和を願う……はずなのだが、全員が全員そういうわけでもないようだ。チュンビビルカ郡のサントトマスと呼ばれる村では、なんと、12月24日から26日までの3日間、対立する村人同士が勝負をつけるべく、**「タカナクイ」と呼ばれる「ケンカ祭」**が開催されるのである。

祭は以下のように進行する。

音楽が流れる中、まず、「カルグーヨ」と呼ばれる祭の責任者が「マヘーニョ」と呼ばれる祭の参加者たちを並ばせる。

参加者たちはマスクの装着が鉄則で、目と口の部分が開いた、色とりどりの毛糸のマスクをかぶっている。

また、マスクの上にはタカやフクロウなどの動物の剥製をつけるなど、それぞれに野蛮さを表現している。

そしていざ、行列をなした参加者たちが村の広場に到着すると、そこには直径5メートルくらいの円が描かれており、ここがボクシングでいう「リング」となる。

その後、マスクをかぶった男性の中の1人が立候補し、円の中に入り、審判に対してケンカをしたい相手を耳打ちする。

すると、審判が高らかにその名前を呼び、相手がゆっくりと円の中に入ると、お互いにマスクを取って構え、**ケンカ開始**となる。

ルールのあるケンカ

とはいえ、タカナクイはただのケンカではなく、「祭」であるため、ルールが厳しく設定されている。あくまでも勝負は1対1。助っ人などの乱入は厳禁だ。

道具は使わず素手のみで戦い、殴る蹴る以外は、

「タカナクイ」の様子。参加者はルールにのっとり、公衆の面前で１対１のケンカをする（画像引用元：「Gran takanakuy (Contreras/Durand 2007-2008) [Micromuseo]【http://www.youtube.com/watch?v=j0jpcCPwUyQ】」）

つかみかかることも許されない。お互いが絡み合った場合は、審判が間に割って入って離される。

そして、片方が一瞬でも倒れた時点でケンカは終了。倒れた相手にさらに攻撃を加えることは禁じられているのである。

ただ、それでも拳が飛び交う激しい戦いであるため、歯が折れるのはもちろん、鼻などを骨折することも珍しくない。

2000年には、打ちどころの悪かった**参加者が死亡**する事故も起こっている。

見ているほうもハラハラするのではないかと思うが、さすがにそこは地元民である。観客たちは、ケンカから目をそむけるどころか、**殴り合い、血みどろになっていく2人の姿を我先に確認すべく身を乗り出し、ヤジを飛ばして煽る**のだ。

日常の争いを抑制する役割

タカナクイが行われるサントトマスに暮らす村人たちは、もともと血の気が多く、気性が荒いのだという。

農作物の盗難や恋愛トラブル、借金トラブルなどの言い争いなどは日常茶飯事で、場合によっては仲直りできず、いさかいが長期化する恐れもある。

そこで村人たちは、殴り合いにまで発展しそうになったら、合言葉のように「5×5、25日まで待ってろよ！」と捨て台詞を吐くという。

このようにケンカをいったんストップし、祭の日まで先送りにすることで、トラブルが深刻化するのを防いでいるのである。

要するに、タカナクイは気性の荒い人たちの日常的な争いを抑制し、1年に一度、まとめて爆発させる**「ガス抜き」のような役割**を果たしているのである。

実際、公衆の面前で殴り合うとお互いスッキリするのか、ケンカの後は笑顔で握手を交わしたり肩を抱き合ったりするなどして、**すっかり仲直りするパターンがほとんど**らしい。

タカナクイでは、成人男性のみならず子ども同士や女性同士もケンカをする（画像引用元：「TAKANAKUY CHUMBIVILCANO SANTO T【http://www.youtube.com/watch?v=RbR7l7V_bSU】」）

子どもも女性も受刑者も参加

そんなタカナクイは、実は大人の男だけのイベントではない。**子どもも女性も参加できる。**

子ども同士のケンカは、親もしっかりその様子を見つ

タカナクイでは、厳重な警戒のもと服役中の受刑者が1人ずつ刑務所から出され、ケンカに参加することができる（写真引用元：「アンデス奇祭紀行」）

め、自分の子どもが何発も殴られようが鼻血を出そうが、じっと見守る。

　そして、どんな結果が出ても戦いから逃げなかった我が子を、褒め称えるのである。

　一方、女性の場合は、ケンカに指名された夫や恋人をかばい、女性同士で口論をしているうちに円の中心まで出てきて、いつの間にか当事者になるケースなどが多いようだが、これはこれでなかなか壮絶なのだという。

　感情に身を任せ、試合前の構えもすっ飛ばし、相手に猪のごとく突進して平手で打つ、髪の毛をひたすら引っ張るなど、結局、ハチャメチャになり審判に止められることが少なくないのだ。

　そうかと思えば、凄みのある腕自慢の男たちの戦いが繰り広げられる場合もある。

　というのも、なんとタカナクイでは、厳重な警戒のもと、**サントトマス刑務所に服役中の受刑者が、村の若者とケンカをすることが許される**のだ。

　ちなみに、やはり殺気が違うのか、**勝率は圧倒的に受刑者のほうが高い**という。

なお、この日ばかりは、警官などが権力を振りかざし、ケンカの裁きに口出しをしても無駄である。

そんなことをしようものなら、逮捕覚悟の村人たちから報復されてしまうからだ。タカナクイは、あくまでサントトマスの村人のものなのである。

禁止になると村が荒れる

そんなタカナクイだが、実は、テロ活動が活発だった1987年と88年の2年間、政府が警戒して禁止されたことがあった。

しかし、このことにより村の秩序は乱れてしまう。

タカナクイで対立する相手とケンカすることでストレスを発散していた村人たちは、それが禁じられたことで、**攻撃的な気性を日常的に爆発させるようになってしまった**のだ。

結局、そのことが重く見られ、祭は復活して現在に至る。

タカナクイは野蛮にも思えるものの、公衆の面前で行われ、審判がおりルールもある。

こうしたことを鑑みれば、日本でもしばしばみられる陰湿なネット中傷合戦などよりも、このように1年に一度体と体でぶつかりあい、後腐れのない決着をつけるほうが健全であるようにも思える。

Vol.31 男性器を模した神輿が街を練り歩く川崎市金山神社の「かなまら祭」

性病避けの祭

神奈川県川崎市の若宮八幡宮境内に、金山《かなやま》神社という名の神社がある。

ここで、毎年4月の第1日曜日に行われるのが**「かなまら祭」**だ。

この祭の当日には神輿の前で巫女が舞い、宮司が祝詞を唱えて神事を執り行う。その後は参加者たちが神輿を担いで練り歩く。

このように言うと、かなまら祭は特に変わったところのない、全国のどこにでもあるような神社の祭だと思われるかもしれない。

しかし、初めて見物に訪れた人の多くは、祭の様子に目を見張る。その理由は、特殊な形をした神輿にある。

通常「神輿」といえば、神殿をかたどったものを想像すると思うが、かなまら祭の神輿は、**巨大な性器**を模して作られているのである。

しかも、神輿の1つ「エリザベス神輿」に至っては、**全体がピンク色**という派手なものだ。金山神社の祭神は、金山比古神《ひこのかみ》と金山比売神《ひめのかみ》という「鍛冶の神」だが、両神は「性の神」でもあることから子授けと性病避けのご利益があるとされ、信仰を集めていた。つまり、かなまら祭は**性病除けの祭**でもあるのだ。

「かなまら祭」で担がれる「かなまら舟神輿」。船上に鎮座する男根は鉄製で、これは日立造船から寄贈されたものである

個性的な神輿と担ぎ手

かなまら祭の神輿は、エリザベス神輿のほかに「かなまら大神輿」「かなまら舟神輿」があり、これら3基はすべて巨大な男根型だ。

最も古い大神輿の男根は木製で、舟神輿は黒光りする鉄製である。

ちなみに、舟神輿は日立造船による寄贈ということから、かなまら祭がただのジョーク・イベントでないことが分かる。

そんなかなまら祭の見どころの1つが、エリザベス神輿を担ぐ人々だ。

街を練り歩くエリザベス神輿。全体がピンク色に塗られたとても派手な神輿である（©Stealth3327 and licensed for reuse under this Creative Commons Licence）

「でっかいまら！　かなまら！」という独特の掛け声を叫びながら神輿を揺さぶるエリザベス神輿の担ぎ手たちは、一見すると女性のようだが体がとてもがっちりとしていたり、また、声が低い人も少なくない。

それもそのはず、実は、この神輿の担ぎ手のほとんどが、東京浅草橋の女装クラブ「エリザベス」の会員である**ニューハーフや女装好きの男性**なのだ。

そして、実はエリザベス神輿自体も、もともとはこの店が寄贈したものなのである。

神輿が神社に帰ると、今度は境内にゴザが敷かれ、「地べた祭」という盛大な宴会が始まる。かなまら祭の時期はちょうど桜の時期なので、エリザベス神輿と桜で、神社はまさにピンク一色の様相だ。

また、当日出ている露店の様子も面白い。

扱われている品は、成人雑誌や性行為用のグッズ、男性器などがプリントされた手ぬぐい、性器をかたどった飴など。さらには、**「金玉」「万古」という名称の酒**（読み方は「きんぎょく」「ばんこ」）も並んでいる。

かなまら祭の歴史

ところで、このかなまら祭という奇祭は、いつどのようにして生まれたのか。その答えは、江戸時代までさかのぼることで見つかる。

当時の川崎市には、東海道の中でも有数の宿場「川崎宿」があり、川崎大師（平間寺）が近いこともあって、多くの宿泊客で賑わっていた。

そして、川崎宿には宿泊客の相手をする「飯盛り女」と呼ばれる下級娼婦たちも多く存在したのだが、彼女たちの大きな悩みが性病だった。

現代と違い、薬も治療法も発達していない江戸時代では性病で死ぬこともある。

そんな状況の中、飯盛り女たちが頼りにしたのが性神を祀る金山神社の御利益だった。

春先になると、彼女たちは男根を模した御神体を境内へと持ち出し、足の間に挟み先端をなでるなどして性病除けと商売繁盛を祈願した。

こうした行為こそが、かなまら祭の始まりであるとさ

かなまら祭に出る露店では、男性器や女性器をかたどった飴などが売られている

れているのである。

しかし、明治になると宿場街は縮小の一途を辿り、飯盛り女も姿を消したため、一時は祭も完全に廃れてしまう。

それを復活させたのが、女装クラブ「エリザベス」である。すでに述べた通り、同店が「エリザベス神輿」を寄贈したことによって、およそ1世紀振りにかなまら祭が復活したのだ。

これは1970年代のことだったが、以降も、彼女（彼？）たちは祭の中心に立って大いに盛り立てている。

国際的に有名な祭に

復活したかなまら祭はその後、なんとエイズがきっかけで海外でも知られるようになる。

1988年、世界保健機関（WHO）は、エイズの蔓延防止と感染者に対する差別解消のため、12月1日を「世界エイズデー」に制定した。

それに呼応し、金山神社の宮司・中村博彦氏が金山神社の祭神を「エイズ除け」と結びつけたことで、海外からも金山神社、およびかなまら祭に注目が集まった。

こうして、かなまら祭は一躍有名になったのである。

現在、かなまら祭は**「ウタマロフェスティバル」**という名で海外でも広く知られており、祭の当日には、非常に多くの外国人観光客や同性愛者の姿が見られる。

日本人は性に大らかだった

実は、かなまら祭以外にも、日本では「性」や「性交」をモチーフにした祭が各地で見られる。例えば、奈良県明日香村にある飛鳥坐《あすかにいます》神社の「おんだ祭」では、**性交を模した儀式**（男女和合の儀式）が行われることで有名だ。

また、古い時代の日本の道祖神（おもに集落の境や分かれ道などに置かれ、祀られている神）は、男女一対のもの、また、**性器の形をした石像**なども多かった。

これらについては、かなまら祭とは意味合いが違い、「性病予防」のためではなく「子孫繁栄」や「五穀豊穣」を祈願するためのものがほとんどだが、ともあれ、かつての日本人は性に関して大らかだったことが分かる。

こうした古い時代の道祖神などの多くは、近代化を目指した明治維新後に壊されてしまい、現在ではかなり数を減らしている。

とはいえ、現代人にも年に一度くらいは、性について大らかになり、健康な性生活を祈る日があってもいいだろう。

かなまら祭などの行事は、そういう意味で必須なのかもしれない。

Vol.32 少数民族が派手なマスクをつけて踊るパプア・ニューギニアの「シンシン」

ナショナル・マスク・フェスティバル

パプア・ニューギニアという国は600の島からなり、文化の異なるおよそ500もの少数民族が暮らしている。

ここでは、3万年も前から人類が生活していたといわれ、また、大陸から隔絶されていたためか、原始社会の伝統文化が今も色濃く残っている。

その中でも、特徴的なものが**「シンシン」**と呼ばれる民族舞踊だ。

民族によってその衣装、音楽、踊りがまったく異なり、冠婚葬祭や宗教儀式では必ず披露されるシンシンは、そのまま各民族のアイデンティティとさえ言える。

また、村や家に代々伝わるマスク（面）も、民族の力を表すものとして重要なツールだ。

パプア・ニューギニアでは、マスクを装着した各民族がシンシンを披露し合う**「シンシンショー」**が行われるが、中でも有名なのが**「ナショナル・マスク・フェスティバル」**と呼ばれる催しだ。

これは、ニューブリテン島のラバウルで7月に開催される祭で、多数の民族のシンシンを一度に見ることができる。

実は、伝統的な文化であるシンシンやマスクは、近年、欧米の考え方やキリスト教の影響を受けるなどして衰退傾向にある。

パプア・ニューギニアの少数民族による民族舞踊「シンシン」。民族ごとにその内容はさまざまである（©Jialiang Gao and licensed for reuse under this Creative Commons Licence）

それを危惧したパプア・ニューギニア政府の文化観光部がナショナル・マスク・フェスティバルを企画し、1995年から行われるようになったのだ。

さまざまな民族が一堂に会し、各々が個性的なシンシンを舞うこの祭では、現代ではほとんど触れることができない土着的・原始的な雰囲気と迫力に満ちている。

そんなナショナル・マスク・フェスティバルは、徐々に世界的に知られるようになり、今では国内外から約1万人の観光客が訪れる人気イベントとなっている。

ちなみに、開催されるのは原則2〜3日間だが、

主催者側の都合で突然、時期が変更もしくは中止になることもある。

しかし、この不安定さが逆に「今年行かなければ来年はないかもしれない」などと、熱狂的なファン心を煽る格好になっているようだ。

火中に飛び込む「バイニンマン」

ラバウルにはタブルブル山という活火山がある。この火山を背にして、ナショナル・マスク・フェスティバルは、トーライ族成人男子の海の踊り「キナバイ」から始まる。大きな丸い目のついたトンガリ帽子のようなマスクと緑の葉を身につけた「トゥブアン」と呼ばれる仮面神に扮したトーライ族の男たちが、日の出と共に、コミカルな踊りを披露するのだ。

これを合図に、先祖から代々受け継がれてきたマスクやボディペインティング、カラフルな衣装を身につけた各民族が激しく歌い踊る。

やがて、その迫力は観光客をも巻き込み、会場は異様な興奮に包まれるのである。

そんなナショナル・マスク・フェスティバルにおいて、最大の盛り上がりを見せるのが、日没頃に登場する**バイニン族の「ファイヤーダンス」**だ。

夜の暗闇の中、巨大なトンボの目のようなマスクをつけた「バイニンマン」と呼ばれる

ナショナル・マスク・フェスティバルはトーライ族の「キナバイ」（右）から始まり、バイニン族の「ファイヤーダンス」（左）で幕を閉じる（「キナバイ」の画像引用元：「Kinavai Ceremony at Kokopo Beach - East New Britain【http://www.youtube.com/watch?v=W1-OmW2ebKMI】」）

男たちが、なんと、**真っ赤に燃える火の中に次から次へと飛び込む**のである。

これは、成人する男子たちが行う「イニシエーション」と呼ばれる神聖な通過儀礼なのだが、太鼓の音が鳴り響く中、奇声を上げ、トランス状態に陥り、裸足でなんの迷いもなく火柱に突進していく姿は圧巻の一言だ。

しかも、中には**赤ちゃんを抱きかかえたまま火に飛び込んでいく**者もいる。

これには、赤ちゃんのこれからの健康を願う意味があるというが、赤ちゃんが火傷をしないか、見物客たちはハラハラさせられてしまう。

ところで、実はナショナル・マスク・フェスティバルのスタートを盛り上げるトーライ族と、クライマックスを飾るバイニン族との間には、歴史的に深い関わりがある。

というのも、バイニン族は元来ラバウルの海辺に住んでいたが、ニューアイルランド島からやってきたトーライ族との争いに破れ、山奥へ追われたという歴史を持つ。つまり、かつて**トーライ族とバイニン族は「敵同士」だった**のだ。

そんな2つの民族が共に祭の要所を担い、盛り上げているということだけを考えても、ナショナル・マスク・フェスティバルは意義深いものだと言えるだろう。

各地のシンシンショー

パプア・ニューギニアでは、ナショナル・マスク・フェスティバル以外でも、さまざまな民族のシンシンショーを見られる機会がある。

具体的には、首都・ポートモレスビーの「ヒリモアレ・フェスティバル」、ニューギニア島中東部マウントハーゲンの「マウントハーゲンショー」、東ハイランド州の州都ゴロカでの「ゴロカショー」などが有名だ。

特に、毎年9月に行われる「ゴロカショー」は、ナショナル・マスク・フェスティバルに匹敵するほどの人気を集めている。

なお、歴史的にはゴロカショーのほうが古く、パプア・ニューギニアがオーストラリアに統治されていた頃の1957年、各地に配属された「キアップ」と呼ばれる白人行政官たちが、自身の担当地域の民族の踊りや団結力を競わせる目的で開催されるようになったという。

日本の祭との関連性

ところで、非常に特徴的なマスクを装着するパプア・ニューギニアのシンシンは、宮古島の「パーントゥ」（78ページ～参照）や、鹿児島県のトカラ列島悪石島《あくせきじま》の「ボゼ」などの祭事と似ていると感じないだろうか。

鹿児島県トカラ列島悪石島で行われる来訪神行事「ボゼ」。非常に特徴的な面は、シンシンで用いられるマスクをほうふつとさせる（写真引用元：「鹿児島県ホームページ／悪石島盆踊り【http://www.pref.kagoshima.jp/ab10/kyoiku-bunka/bunka/museum/shichoson/toshima/akuseki.html】」）

実は、「ラピタ人」と呼ばれる人々が紀元前3000年頃に台湾付近から海を渡り、東南アジアの島々を経てパプア・ニューギニアのビスマルク諸島に辿り着いたのだが、さらにその一部が、南西諸島にまで到達したという説がある。

つまり、シンシンとパーントゥ、ボゼなどは、ラピタ人がもたらした、**起源を同じくする文化**だという可能性があるのだ。

むろん、これはあくまで可能性で、真偽は分からない。ただ、パーントゥやボゼを見た経験があるという人などは、シンシンを見た際、不思議なつながりや親しみを覚えるかもしれない。

Vol.33 人間対野生馬のレスリング スペインの「ラパ・ダス・ベスタス」

野生馬の毛刈り

スペインと聞いて思い浮かべるものの1つに闘牛がある。

闘牛はスペインの国技であり、「マタドール」と呼ばれる闘牛士が赤い布（ムレータ）をひらめかせ、突進してくる牛をかわしながら剣を刺していく姿は、日本でもお馴染みだ。

また、同じく牛を使ったイベントとして有名なのが、ナバーラ州のパンプローナで行われるサン・フェルミン祭の「エンシエロ」（牛追い）である。

市街地に牛を放し、その前をランナーが駆け抜ける光景を、テレビ番組やニュースで見たことがある人も多いだろう。

このように、スペイン国民と牛との関係は深いように思われるが、同じスペインで、ほかの動物との格闘が見られる祭もある。

それが**「ラパ・ダス・ベスタス」**だ。

ラパ・ダス・ベスタスとは「家畜の毛狩り」という意味で、スペイン北西部のガリシア州で行われる。

この「毛を刈られる家畜」とは馬のことであり、ラパ・ダス・ベスタスには、ガリシア州の山々に暮らす約2～3万頭の野生馬の一部が用いられるのだ。

ただ、野生馬とはいえ所有者はあり、彼らは自分の村にいる馬を管理してきた。その**管理方法そのものがラパ・ダス・ベスタスの起源**なのである。

スペイン・ガリシア州で行われる「ラパ・ダス・ベスタス」で、野生馬に飛びかかる参加者（©Jpereira and licensed for reuse under this Creative Commons Licence）

参加者が馬に飛びかかる

夏を控えた5月頃、まず野生馬たちは「クロ」と呼ばれる作業場に集められ、伸びたたてがみと尻尾の毛を刈られる。その後、焼印などで印がつけられ、殺菌消毒が行われる。

以上が、ラパ・ダス・ベスタスの大まかな流れだ。

目的としては、馬を清潔に保って疫病を防ぐことと、生まれた仔馬の数を把握することだが、そのやり方が

ハサミで毛を刈られている野生馬。この後、焼印が押される（©Jpereira and licensed for reuse under this Creative Commons Licence）

とにかく荒っぽい。

クロは石で囲まれた円形状のスペースで、そこに数百頭の馬が押し込まれる。

そして、村の人々はすし詰め状態になった**馬の集団に飛びかかって押さえつけ、たてがみと尻尾を刈り、焼印を押していく**のである。

それはまさに人間対馬のレスリングの様相を呈し、馬はいななき、土ぼこりが舞い上がり、激しい格闘が繰り広げられる。

しかも、参加者は男性だけでなく、**女性や子ども、老人たちも臆せず暴れ馬にのしかかっていく。**

その光景は勇壮の一言で、村人たちだけでなく、多くの観光客も大興奮するのである。

そんなラパ・ダス・ベスタスの歴史は非常に古く、**400年以上にわたって続いている**という。

フェスティバルとしての記録は18世紀初頭から見られ、この頃からラパ・ダス・ベスタスは単なる馬の管理業務ではなく、村中が大いに盛り上がるイベントに変わったと考えられている。

ラパ・ダス・ベスタスが行われる時期は、まず5月にガリシア州南部の村で始まり、8月まで毎日曜日に14の村で行われる。

これらの中でも特に有名なのが、2007年にはスペイン政府による国際観光事業に指定された、サブセード村で行われるフェスティバルである。

というのも、ほかの村では、伝統的に「ガシャーダ」と呼ばれる木の棒に投げ縄がついた道具を使うのだが、サブセード村では道具を使わず、**素手で馬に挑んでいく**からだ。

その様子はまさに「取っ組み合い」であり、馬だけではなく、人間同士が絡まりあう様子もうかがえる。

野生馬へのこだわり

ところで、なぜこの地方ではこうした荒々しい方法で馬を管理するのか。その理由として挙げられるのが、「野生の維持」である。

人間に対する恐怖心を馬に植えつけることで、その野生に訴えかけ、山から下りてくることを阻止するのが目的なのだという。

そして、ガリシア地方の人々が、馬の野生にこだわるそもそもの理由がある。

16世紀中頃、サブセード村でペストが流行したとき、2人の初老の姉妹が、村の守護聖人である聖ローレンツォに救いを求めて祈願した。

その結果村は救われ、姉妹はお礼の印に2頭の馬を捧げて山に放った。**これら2頭の馬の子孫こそが、現在の野生馬**とされているのである。

伝統行事か動物虐待か

ただ、伝統あるラパ・ダス・ベスタスにも存続の危機が迫っている。

2012年、州政府が「すべての野生の馬にマイクロチップを埋め込み、頭数を管理する」という新たな法令案を提出したのだ。

一方、それに反対する村人たちは5月13日、この年最初のフェスティバルが行われる予定だったア・バルガ村で、歴史上初めて野生馬を集めず、事実上のボイコットを敢行した。

さらに、トローニャ、モウガス、サン・シブラの3ヶ所でも中止が決定となった。

反対のおもな理由は、1頭につき35ユーロ（約3500円）かかるマイクロチップを、2万頭以上いるとされる野生馬に埋め込むのには、膨大な費用が必要になるからだ。

このため、ガリシア州の人々はラパ・ダス・ベスタスによる管理方法を変える姿勢を見せていない。

ちなみに、伝統行事を消してしまいかねない前述のような法令案を州政府が提出した背景には、**動物保護団体からのクレームが入った**からだという噂があるという。

　暴れる馬に飛びかかり、押さえつけ、焼印を押すという乱暴な方法に保護団体が待ったをかけようとしたというのだ。

　たしかに馬を荒っぽく管理することは、見る人によっては、虐待だと感じられるだろう。

　日本でも、長い歴史を誇る多度《たど》大社（三重県桑名市）の「上げ馬神事」が、動物虐待行為だとして告訴された例がある。この際は、上げ馬神事を運営する団体が書類送検されたが、嫌疑不十分で不起訴処分だった。

　動物を用いる行事や祭は多々存在するが、動物を傷つけ過ぎていたり、明らかに時代にそぐわないものについては、廃止もやむを得まい。

　とはいえ、そんな行事や祭の背景には、それに関わり、長年伝統を維持してきた人々の思いや情熱が詰まっているのもまた事実だ。

　そのあたりのバランスをしっかりと持ち、こうした行事を見つめていきたいものである。

桑名市多度大社で行われる「上げ馬神事」の様子。馬は２メートルの高さの壁を駆け上がる（©Douggers and licensed for reuse under this Creative Commons Licence）

Vol.34

「笑う門には福来る」を体現 防府市の「笑い講」と日高川町の「笑い祭」

向かい合って笑い合う神事

祭事を楽しんでいると、自然と笑みがこぼれるものだが、実はこの**「笑い」そのものを題材にした祭**が、日本には存在する。

山口県防府《ほうふ》市の一部地域では、毎年12月の第1日曜日になると**「笑い講」**という神事が開かれる。

これは、「講員」と呼ばれる男たちが、「頭屋」と呼ばれるその年の笑い講の会場となる家（頭屋宅）に集い、互いに笑い合うというもので、流れは以下の通りである。

まず、軽い宴会を済ませた講員の中から2人が神前に歩み出て、備えつけの大榊を2本、互いに手渡し合う。それから、**向かい合って大声で笑い合う**のだ。

笑うのは全部で3回。1回目はその年の豊作を感謝し、2回目で来年の豊作を祈願し、3回目で今までの不幸や病苦を洗い流し、無病息災を祈るのである。

ただし、笑い合うときの声が小さかったり、真剣に笑っていない場合には、**何度でもやり直しをさせられる**。

判断をするのは講員の長にあたる人物で、素晴らしい笑い合いができた場合には金だらいで合格の合図を鳴らす。

その後、講員全員が笑い合いを行うまで続けられるのである。

山口県防府市の一部地区で行われる「笑い講」。男たちが「笑い合う」行事だが、笑い方が足りない場合などにはやり直しをさせられることもある【写真提供：(一社) 防府市観光協会】

この笑い講、かつては「知る人ぞ知る」祭であったが、近年ではテレビなどマスコミに取り上げられることが増えたため、全国へと知れわたるようになった。

また、防府市の無形民俗文化財にも指定されている。

「鈴振り」が人々を笑わせる祭

一方、和歌山県の日高川町では、毎年10月中旬の日曜日になると地域全体が笑いの渦に包まれる。

これは、丹生《にう》神社で**「笑い祭」**（丹生祭）が行わ

和歌山県日高川町の丹生神社で開かれる「笑い祭」。派手な格好と化粧をした「鈴振り」（写真）一行が町内を闊歩し、人々を笑わせていく（写真引用元：「日本トンデモ祭―珍祭・奇祭きてれつガイド」）

れるためだ。

笑い祭は、最初のうちは鬼が向かい合う「鬼の出会い」や「獅子舞」などの出し物が行われるのだが、祭が佳境に入ると、奇妙な人物が登場する。

彼は、**白塗りの顔に赤い墨で「笑」の字や鳥居の絵を書き**、また、頭には赤頭巾をかぶっている。

この派手ないでたちの人物こそが、笑い祭の主役**「鈴振り」**だ。

鈴振りの役割は、その名の通り鈴を振って人々を笑わせることにある。

神輿の先頭に立ち、「枡持ち」と呼ばれるお供を引き連れた鈴振りは、街を練り歩き、人が大勢集まる場所で立ち止まっては鈴を鳴らして叫ぶ。

「永楽じゃ！　笑え笑え！」

すると、枡持ちたちはミカンや野菜を刺した枡を掲げ、一斉に笑い出す。

周囲の人々がこれにつられて笑い始め、辺りが爆笑に包まれると、鈴振りの一行は次の場所へと向かう。

祭が進むにつれ、鈴振りの白塗りは汗で流れていっそう奇妙な風貌になるが、このことがさらなる笑いを引き出すので、鈴振りと枡持ちにとっては「おいしい」のだ。

このように、鈴振りたちは行く先々を笑いで満たし、終点の丹生神社に到着するころには街中が笑顔になっている。

そのため、笑い祭は日本の祭の中で**「最も愉快な祭」**と称されることも少なくなく、こちらは、和歌山県の無形民俗文化財に指定されている。

笑い講・笑い祭の歴史

笑い講と笑い祭は、どちらも笑いを軸とした行事だが、その起源はどのようなものなのだろうか。

まず笑い講であるが、その歴史は古く、地元の小俣八幡宮に残されている記述によれば、1199年に始まったとされている。

もともとは、1年の終わりに農業の神を迎える「農業祭」として行われており、その年の収穫を感謝し、翌年の豊作を願うという目的であった。

この趣旨自体は今日も変わらず、鎌倉時代から続く伝統として地域に根付いている。

一方、笑い祭の歴史は少々複雑だ。

笑い祭が誕生したとされているのは江戸時代で、丹生神社の神様「丹生都姫命《にうつひめのみこと》」が、出雲大社で開かれる神様の会合に出席する際、神社の木に服が引っかかって脱げてしまい、それを見た人々が大笑いしたという伝説に基づいている（「神様の会合に寝坊してしまい落ち込んでいた丹生都姫命を、周囲の人が笑わそうとした」という説もある）。

黎明期の笑い祭は、今と比べると比較的おとなしいもので、ただ村の人々が神社の前で笑うだけだったようだ。

そして、明治に入ると祭は下火となり、一時は完全に消滅してしまう。

しかしその後、同じく消滅していた「江川の奴踊り」「山野の雀踊り」「松瀬の竹馬駆」という行事と統合する形で、笑い祭は昭和初期に復活した。

つまり笑い祭は、山形県の「カセ鳥」（108〜ページ参照）と同じように、地元住民から「発掘」されてよみがえった祭なのである。

なお、現在の笑い祭の「顔」である鈴振りが登場するようになったのは、戦後になってからだという。

笑いで幸せを呼び込む

日本には、笑い講や笑い祭のほかにも、「笑い」に関する祭が多々存在する。

例えば、名古屋市の熱田神宮では、毎年5月4日に**「オホホ祭」**という名の神事が執り行われる。

その内容は、明かりを消した境内の中で、**神官たちが「オオホ！　オオホ！」と笑う**というものだ。

ほかには、大阪府東大阪市の枚岡《ひらおか》神社で行われる「注連縄掛《しめかけ》神事」や、三重県志摩市の恵比寿神社で行われる「鼻かけえびす初笑い神事」などもまた、笑いをテーマにした行事である。

東大阪市の枚岡神社で行われる「注連縄掛神事」の様子。「お笑い神事」とも呼ばれるこの行事は、古い注連縄から新しい注連縄にかけ替えた際、その新しい注連縄の前で、皆が「アッハッハー」と、3回笑うというもの（画像引用元：「平成23年　枚岡神社　お笑い神事【http://www.youtube.com/watch?v=tsmalOhDnTM】」）

このような行事が多いのには、昔から、笑いには邪気をかき消して幸運を呼び込む効果があると信じられてきたという背景がある。

実際、医学的にも、よく笑う人ほど免疫力が高まり病気に罹りにくいという報告もある。まさに、笑いは健康、ひいては幸福の象徴であると言えるだろう。

「笑う門には福来る」

このことわざは、時代を超えて通用するものなのである。

本書は、２０１２年11月に発行された単行本『仰天！　世界の奇習・風習』（小社刊）を、加筆・修正・再編集して、文庫化したものです。

主要参考文献・サイト一覧

「日本人は何を食べてきたのか」永山久夫監修（青春出版社）
「中国怪食紀行―我が輩は「冒険する舌」である」小泉武夫著（光文社）
「食べられる生きものたち―世界の民族と食文化48」「月刊みんぱく」編集部編（丸善出版）
「昆虫食入門」内山昭一著（平凡社）
「笑いの免疫学―笑いの『治療革命』最前線」船瀬俊介著（花伝社）
「とんまつりJAPAN」みうらじゅん著（集英社）
「ヴードゥー教の世界―ハイチの歴史と神々」立野淳也著（吉夏社）
「面白いほどよくわかる世界の宗教―宗教が果たした役割、歴史的背景から教典の基礎知識まで」大野輝康監修（日本文芸社）
「図解雑学 キリスト教」挽地茂男著（ナツメ社）
「フィリピン―ハロハロ社会の不思議を解く」WCG編集室編（トラベルジャーナル）
「世界の葬式」松濤弘道著（新潮社）
「世界の葬送」松濤弘道著／「世界の葬送」研究会編（イカロス出版）
「恐山―死者のいる場所」南直哉著（新潮社）
「イタコとオシラサマ―東北異界巡礼」加藤敬著（学習研究社）
「沖縄民俗辞典」渡邊欣雄ほか編（吉川弘文舘）
「沖縄学への道」外間守善著（岩波書店）
「日本の奇祭」合田一道著（青弓社）
「日本全国お祭りさがし」さの昭著（今日の話題社）
「日本史小百科（9）遊女」西山松之助編（近藤出版社）
「日本女性哀史―遊女・女郎・からゆき・慰安婦の系譜」金一勉著（現代史出版会）
「ラテン・アメリカを知る事典」大貫良夫ほか監修（平凡社）
「アマゾン・瀕死の巨人」アラン ゲールブラン／吉田良子・神崎牧子訳（創元社）
「世界の珍虫101選」海野和男著（誠文堂新光社）
「原色和漢薬図鑑（上・下）」難波恒雄著（保育社）
「落し紙以前」斎藤たま著（論創社）
「漢方―中国医学の精華」石原明著（中央公論社）

「図解雑学 よくわかる東洋医学のしくみ」青山麻美著／関口善多監修（ナツメ社）
「薬学の歴史」ルネ・ファーブル著／ジョルジュ・ディルマン著／奥田潤・奥田陸子訳（白水社）
「纏足物語」岡本隆三著（福武書店）
「国際情勢ベーシックシリーズ—ラテンアメリカ」加茂雄三ほか編著（自由国民社）
「中国の歴史を知るための60章—エリア・スタディーズ87」並木頼壽・杉山文彦編著（明石書店）
「現代メキシコを知るための60章—エリア・スタディーズ91」国本伊代編著（明石書店）
「秘境のキルギス—シルクロードの遊牧民」藤木高嶺著（朝日新聞社）
「教科書には載らない世界のヘンな保健体育」大人のための教科書編集委員会著（ミリオン出版）
「香港の水上居民—中国社会史の断面」可児弘明著（岩波書店）
「ヤノマミ」ジャック・リゾー著／守矢信明訳（パピルス）
「家族を中心とした人間関係」中根千枝著（講談社）
「未開民族を探る—失われゆく世界」吉田禎吾著（社会思想社）
「インド古寺案内」神谷武夫著（小学館）
「アンデスの祭り」すずきともこ著（千早書房）
「ドキュメント 女子割礼」内海夏子著（集英社）
「女子割礼—因習に呪縛される女性の性と人権」フラン・P・ホスケン著／鳥居千代香訳（明石書店）
「女子割礼と文化摩擦」石弘之著（朝日新聞社）
「動的平衡—生命はなぜそこに宿るのか」福岡伸一著（木楽舎）
「パプアニューギニア祭り紀行」辻丸純一著（青弓社）
「パプアニューギニア—地球のゆりかごを巡る旅」NUMA著（ダイヤモンド社）
「銭湯へ行こう・イスラム編—お風呂のルーツを求めて」八尾師誠編著（TOTO出版）
「浴場から見たイスラーム文化」杉田英明著（山川出版社）
「生きながら火に焼かれて」スアド著（ソニーマガジンズ）
「戦後性風俗大系—わが女神たち」広岡敬一著（朝日出版社）
「日本トンデモ祭—珍祭・奇祭きてれつガイド」杉岡幸徳著（美術出版社）
「奇妙な祭り—日本全国〈奇祭・珍祭〉四四選」杉岡幸徳著（角川書店）
「水上学校の昭和史—船で暮らす子どもたち」石井昭示著（隅田川文庫）
「アンデス奇祭紀行」鈴木智子著（青弓社）
「アジアの奇祭」さの昭著／石川武志写真（青弓社）

「先住民族シリーズ③ ニュージーランドのマオリ族」グレアム・ウィレム著／河津千代訳（リブリオ出版）
「世界の奇習」篠田八郎著（大陸書房）
「島から―鹿児島県甑島列島」原﨑岩雄著（南方新社）
「さらば文明人―ニューギニア食人種紀行」西丸震哉著（ファラオ企画）
「死者の結婚―祖先崇拝とシャーマニズム」櫻井義秀著（北海道大学出版会）
「震える山―クールー、食人、狂牛病」ロバート・クリッツマン著／榎本真理子訳（法政大学出版局）
「糞尿と生活文化」李家正文著（泰流社）
「シンガポール経済新聞」（２００７年２月２日号）
「サイアス」１９９９年５月号（朝日新聞社）
「婦人公論」２０１０年７月22日号（中央公論新社）
「週刊ポスト」１９９６年５月３日号（小学館）
「外務省 海外安全ホームページ」(http://www.anzen.mofa.go.jp/)
「鹿児島県ホームページ」(http://www.pref.kagoshima.jp/)
「近代デジタルライブラリー」(http://kindai.ndl.go.jp/)
「宮古島東急リゾートスタッフブログ」(http://tokyuhotels-blog.com/miyakojima-r/cat40/)
「日経ビジネスオンライン」(http://business.nikkeibp.co.jp/)
「ファウスト・アドベンチャラーズ・ギルド」(http://www.faust-ag.jp/)
「AFP BBNews」(http://www.afpbb.com/)
「You Tube-Broadcast Yourself」(http://www.youtube.com/?gl=JP&hl=j)
「NOVAJIKA,S.A」(http://novajika.com/)
「The Guardian」(http://www.guardian.co.uk/)
「Spain News Typically-Spanish Home」(http://www.typicallyspanish.com/)

【カバー／帯写真の出典】

●メインの写真（©Jialiang Gao and licensed for reuse under this Creative Commons Licence）

●サテレ・マウェ族の成人式（「The Satere Mawe Tribe Slideshow【http://www.youtube.com/watch?v=6yo_aJu37GQ】」）

●トマト祭（©Graham McLellan and licensed for reuse under this Creative Commons Licence）

●ムルシ族の女性（©MauritsV and licensed for reuse under this Creative Commons Licence）

本当《ほんとう》に不思議《ふしぎ》な世界《せかい》の風習《ふうしゅう》

2015年1月15日第1刷

編者　世界の文化研究会
制作　オフィステイクオー
発行人　山田有司
発行所　株式会社　彩図社《さいずしゃ》
〒170-0005
東京都豊島区南大塚3-24-4　MTビル
TEL 03-5985-8213　FAX 03-5985-8224
URL：http://www.saiz.co.jp
http://saiz.co.jp/k（携帯）→
印刷所　新灯印刷株式会社

ISBN978-4-8013-0047-7 C0139
乱丁・落丁本はお取り替えいたします。